多元文化视域下的商务英语翻译研究

桑 田◎著

吉林出版集团股份有限公司
全国百佳图书出版单位

图书在版编目（CIP）数据

多元文化视域下的商务英语翻译研究 / 桑田著 . -- 长春 : 吉林出版集团股份有限公司, 2023.3
　　ISBN 978-7-5731-3101-0

　　Ⅰ.①多… Ⅱ.①桑… Ⅲ.①商务—英语—翻译—研究 Ⅳ.①F7

中国国家版本馆 CIP 数据核字（2023）第 051178 号

多元文化视域下的商务英语翻译研究
DUOYUAN WENHUA SHIYU XIA DE SHANGWU YINGYU FANYI YANJIU

著　　者	桑　田
责任编辑	黄　群
封面设计	李　伟
开　　本	710mm×1000mm　　　1/16
字　　数	240 千
印　　张	13
版　　次	2023 年 9 月第 1 版
印　　次	2023 年 9 月第 1 次印刷
印　　刷	天津和萱印刷有限公司

出　　版	吉林出版集团股份有限公司
发　　行	吉林出版集团股份有限公司
地　　址	吉林省长春市福祉大路 5788 号
邮　　编	130000
电　　话	0431-81629968
邮　　箱	11915286@qq.com
书　　号	ISBN 978-7-5731-3101-0
定　　价	78.00 元

版权所有　翻印必究

作者简介

桑田，男，1986年10月出生，广东省中山市人，博士研究生学历，现任肇庆学院教师。研究方向：商务英语、跨文化交际。主持广东省教育厅科研项目一项，发表论文十余篇。

前　言

多元文化一词从 20 世纪 80 年代至今一直被不断使用，但关于多元文化一直没有非常清晰的界定。在不同领域，对多元文化的内涵界定也不尽相同。随着国际商务活动的日益丰富，商务英语在跨文化交流中的地位逐渐凸显。在商务英语翻译中，多元文化因素是限制翻译工作以及商务活动开展的重要原因，活动双方因思维认知、生活背景等方面存在差异，其语言表达也会有所不同。针对这一现状所带来的问题，需要翻译人员结合实际情景以及活动主题来选择合适的内容，避免在工作过程中出现失误，借此来保证商务活动的顺利开展。

全书共八章。第一章为绪论，主要阐述了何谓多元文化、商务英语翻译的文化转向、多元文化对于商务英语翻译的启示等内容；第二章为多元文化视域下的商务英语翻译理论，主要阐述了概念梳理、翻译标准、翻译原则、翻译策略等内容；第三章为多元文化视域下的商务英语语言特点，主要阐述了多元文化视域下的商务英语词汇、多元文化视域下的商务英语句法、多元文化视域下的商务英语修辞等内容；第四章为多元文化视域下的商务英语合同翻译，主要阐述了商务英语合同概述、商务英语合同的语言特征、多元文化视域下商务英语合同的翻译等内容；第五章为多元文化视域下的商务英语信函翻译，主要阐述了商务英语信函概述、商务英语信函的语言特征、多元文化视域下商务英语信函的翻译等内容；第六章为多元文化视域下的商务英语广告翻译，主要阐述了商务英语广告概述、商务英语广告的语言特征、多元文化视域下商务英语广告的翻译等内容；第七章为多元文化视域下的商务英语说明书翻译，主要阐述了商务英语说明书概述、商务英语说明书的语言特征、多元文化视域下商务英语说明书的翻译等内容；第八章为多元文化视域下的商品品牌翻译，主要阐述了商品品牌概述、商品品牌的语言特征、多元文化视域下商品品牌的翻译等内容。

本书在撰写过程中，借鉴了大量国内外相关研究成果以及著作、期刊、论文等，在此对相关学者、专家表示诚挚的感谢。

由于本人水平有限，书中有一些内容还有待进一步深入研究和论证，在此恳切地希望各位同行专家和读者朋友予以斧正。

桑田

2022 年 11 月

目 录

第一章 绪 论 …………………………………………………………………… 1
  第一节 多元文化的内涵 ……………………………………………………… 1
  第二节 商务英语翻译的文化转向 …………………………………………… 11
  第三节 多元文化对于商务英语翻译的启示 ………………………………… 13

第二章 多元文化视域下的商务英语翻译理论 ……………………………… 16
  第一节 概念梳理 ……………………………………………………………… 16
  第二节 翻译标准 ……………………………………………………………… 19
  第三节 翻译原则 ……………………………………………………………… 40
  第四节 翻译策略 ……………………………………………………………… 42

第三章 多元文化视域下的商务英语语言特点 ……………………………… 47
  第一节 多元文化视域下的商务英语词汇 …………………………………… 47
  第二节 多元文化视域下的商务英语句法 …………………………………… 55
  第三节 多元文化视域下的商务英语修辞 …………………………………… 60

第四章 多元文化视域下的商务英语合同翻译 ……………………………… 72
  第一节 商务英语合同概述 …………………………………………………… 72
  第二节 商务英语合同的语言特征 …………………………………………… 73
  第三节 多元文化视域下商务英语合同的翻译 ……………………………… 82

第五章　多元文化视域下的商务英语信函翻译……97
第一节　商务英语信函概述……97
第二节　商务英语信函的语言特征……107
第三节　多元文化视域下商务英语信函的翻译……113

第六章　多元文化视域下的商务英语广告翻译……119
第一节　商务英语广告概述……119
第二节　商务英语广告的语言特征……121
第三节　多元文化视域下商务英语广告的翻译……129

第七章　多元文化视域下的商务英语说明书翻译……145
第一节　商务英语说明书概述……145
第二节　商务英语说明书的语言特征……149
第三节　多元文化视域下商务英语说明书的翻译……153

第八章　多元文化视域下的商品品牌翻译……159
第一节　商品品牌概述……159
第二节　商品品牌的语言特征……183
第三节　多元文化视域下商品品牌的翻译……185

参考文献……198

第一章 绪 论

本章分为多元文化的内涵、商务英语翻译的文化转向、多元文化对于商务英语翻译的启示三部分,主要包括多元文化的起源与发展、多元文化的内涵释义、多元文化的多维视角解读、多元文化的基本构成、多元文化的主要特征、多元文化的生存模式、翻译文化转向的概述、文化转向对商务英语翻译的启示、培养多元文化的意识、尊重包容异域文化,加强交流互动等内容。

第一节 多元文化的内涵

一、多元文化的起源与发展

20世纪20年代,人们对于"文化"的概念还停留在传统的单一文化观上,这种文化观认为某一地区或者群体只存在一种单一且唯一的主流文化,而与之相对的非主流文化,受到人们的鄙夷和唾弃。在这样的历史背景下,产生了一种与之相对的"多元文化"的观点,但是由于当时的人们对世界的认知相对局限,这种多元文化的观点未能广泛引起人们的关注。

多元文化的观点真正引起人们的关注和讨论,发生在20世纪五六十年代。随着时代的发展,人们的认知范围逐渐扩大,越来越多的人认识到世界文化的多样性,每个国家、地区、群体的文化发展,既相互联系又各有其特点,呈现出多种文化的样态。

因此,承认民族和种族之间文化差异性的一种多元文化取向的观点,取代了传统的单一文化观。但是,当时人们对多元文化的理解还存在一定的局限性,其具体所指的仅是两种文化现象。其一,指殖民地和后殖民地社会的文化,在这种社会中，既存在殖民国家的统治文化，也存在原住民的种族或民族文化，两种差异悬殊的文化并存。其二，指不同的民族文化，具有不同社会和文化来源的民族虽然共同生存，但各民族以及群体之间的文化特性有着较大的差异。

20世纪六七十年代，西方国家相继实现了现代化，人们发现国家现代化的发展不仅没有减少文化之间的差异，而且使文化的发展呈现出多样化、复杂化的特点，不仅原有的文化差异没有减少，新的文化诞生又产生了新的文化差异，这种文化差异还存在于自己所属的群体之间，文化多元的态势日益明显。在此背景下，人们对多元文化的认知进一步深入，逐渐认识到多元文化这种价值理念和思想观念不仅仅存在民族和种族之间的差异，同时也存在不同阶级、集体、地域、宗教信仰之间，乃至同一个族群也存在着文化上的差异。因此，多元文化的界定也得到延伸，可以归纳为"人类群体之间价值规范、思想观念乃至行为方式上的差异"。

二、多元文化的内涵释义

多元文化是指随着人类社会日益复杂和信息流通，文化的更新逐渐加速，不同文化面临不同机遇和挑战，并衍生出新的文化。由于世界范围内政治、经济、科技等各方面的相互渗透与融合，各国之间的交流也越来越频繁。这都要求人们对整个世界进行综合考察，以适应时代的需求。因此，在现代社会的复杂结构中，我们需要不同的文化来服务于社会发展，这就产生了文化多样性。

人类作用于自然界和人类社会的一切活动及其结果，都属于文化的范畴。受地理环境、人口流动、统治阶级、民族分布等因素影响而形成的文化各有差异。正是这些自然、人为因素的影响促使一个国家存在不同的文化，呈现出多元文化的局面。多元文化强调各民族文化的独特性，其关键在于世界不同文化的对话与沟通。

首先，各民族文化的独特性是一国多元文化存在的基础。以中国为例，五十六个民族共同构成日益强盛的中华民族，由于风土习俗、生活环境、思维方式等方面的不同，使各民族文化呈现出差异。在中国共产党的领导下，秉承兼容并蓄的原则，各民族文化能够相互尊重，相互包容，共同繁荣发展，由此构成我国多元文化的一部分。

其次，影响多元文化格局发展的因素是多方面的，随着信息技术的迅猛发展，国家与国家之间的交流越来越频繁，不同国家的文化在无形之中相互交融、相互碰撞，在一定程度上对本土文化形成影响。

因此，在强调本土文化有序发展的同时，也要注重外来文化的渗透。要以辩证的态度看待各国文化之间相互交流、相互交融的现象。既要看到各国文化交流取得的成绩，也要看到各国文化交流过程中对本土文化造成的负面影响，及时甄别外来文化价值观。对于有意侵蚀本土文化的内容要严把关，有意瓦解本土社会道德基础的内容要坚决抵制。

综上所述，多元文化既指一个国家本土文化的多元性，又指国家与国家之间因文化交流而形成的不同文化相互交流、相互交融的现象，也可以指一个国家中本土文化与外来文化共同发展的局面。但需要注意的是，多元文化在发展时要以主流文化为主导，符合社会主义发展方向，并对多元文化的内容加以辨别，做到取其精华、去其糟粕。

三、多元文化的多维视角解读

第一，作为种族共存策略的多元文化概念。多元文化概念的出现在早期具有十分鲜明的策略性。以美国、加拿大为代表的欧美各国在二战后迎来大规模移民浪潮，而与之相伴随的便是多种族共存于同一生存空间而引发的文化差异与斗争。承认各种族文化彼此平等，强调采取包容、学习的态度来对待少数族群文化，进而把"来源多样的移民整合进主流社会和给予移民保持和发展他们的传统文化和生活方式的机会"的想法逐渐成为社会的主流认知。C.W. 沃特森（C.W.Watson）在其著作《多元文化主义》中对此有着经典的阐述。在沃特森看来，多种族群体共存是欧美国家在二战后的社会常态，多元文化之"元"代表的正是不同种族文化之间的差别。因此必须明确地面对与平等地认知同自己种族相异的文化生命体。

第二，基于人类文明历史发展沿革维度中的多元文化概念。部分学者将多元文化放在人类文明发展沿革这一整体历史维度进行考察。在这一维度中，多元文化实际指人类文明自历史记载开始一直延续至今的文化共存空间状态，并且从人类文明发展源头伊始就呈现出多元化的特征。而各文化主体间的互鉴交流始终是人类多元文化历史发展的一条主线。文化，就其起源与发展来看，一直是处在多元化的历史长河中的。三千余年来，文化的多元化发展成为历史不争的事实。基于人类文明历史发展沿革维度的多元文化概念更为强调历史上多种文明出现与存在的客观性与公正性，它实际上更为接近我们所说的"文化多样性"的范畴。

第三，基于现代化维度的多元文化概念。在这一研究视域下，多元文化指依托现代化进程而呈现出的一种"文化脱域"状态。"文化脱域"是指依托现代商品经济发展及科学通信技术的地域性文化时空被托架重组。在这种状态下，文化与地域时空之间的关联被彻底打破。人们足不出户就可以通过电子科技设备领略千里之外异国他乡的文化精神与风土人情。而在前现代化时代，这种体验只有通过实地旅行才能实现。这一新型的文化时空一方面极大丰富了人类个体所能接收到的文化信息，另一方面也因文化信息资源的爆炸而带来一种本土文化识别的"无力感"。这种"无力感"最终带来的是相对主义思潮的盛行与本土原有绝对价值的自我消解。

第四，基于马克思主义哲学维度的多元文化概念。马克思主义哲学下的文化研究立足于人类社会发展的一般性规律基准，从人类的实践活动入手，剖析多元文化概念所蕴含的哲学品格。在马克思主义哲学视阈下，文化是人类社会实践应有的产物。一方面，实践活动是人类特有的类本质活动。人类通过实践将头脑中的目的对象化为现实中的物存在，从而形成异于自然关系的社会文化关系。从这个意义上来说，文化就是人的本质力量的对象化，或者是对象化的人的本质力量。[1] 另一方面，人类文化的多元性来源于人类实践所处自然环境与社会环境的复杂性与多样性。也就是说，虽然人类实践活动的性质具有一致性，但由于人类所处的自然地理环境、社会风俗气质等方面的差异，不同地区的人类实践活动会产生形态各异的文化模式。例如：古代中国由于地形平坦且雨水充沛而形成超大规模的农业文明聚集区；爱琴海地区由于岛屿众多、海路畅通而形成人类社会中最早的商业文明。与此同时，多元文化概念在马克思主义哲学视野中更加强调多元与一元的辩证统一关系。文化的多样性以统一性为前提，而文化的统一性又以多样性为基础。虽然人类社会产生了光彩各异的文明形态，但这并不意味着各异

---

[1] 张欢. 多元文化主义的概念辨析 [J]. 理论与现代化, 2018, No.254(06):104-111.

质文明之间处于一种彼此对立的关系。搭建多元文化间彼此沟通合作的桥梁才是追求各文化和谐共存的必然路径。

尽管对多元文化概念的学术理解尚未统一，但有一点是毋庸置疑的，即多元文化的出现并非代表着文化相对主义的"霸屏"。无论是将多元文化强调为一种文化共存策略，还是将其视作人类文明历史发展的客观产物，在多元文化中寻求统一，进而获得普遍性文化精神的期盼是在各阐释范式间彼此相通的。这理应成为我们将多元文化作为研究视域时要首先把握的前提性条件。

四、多元文化的基本构成

人类文明的多样性是世界发展的基本特征，也是国家发展的时代背景，国家间文化的交流以促进不同文明取长补短、共同进步为前提，各国文化相互交流必然会对本土文化形成影响，进而影响学生理想信念教育的成效。分析本土文化多样性的构成有利于深入挖掘影响学生理想信念教育的因素，对症下药，促进学生理想信念教育的健康发展。我国的多元文化组成成分具体表现在以下几个方面：

（一）主流文化

主流文化指一个社会、一个时代受到广泛宣传的、对大众生活起到主要影响的文化。当下中国的主流文化是中国特色社会主义文化。全面理解中国特色社会主义文化要厘清其特点，即先进性、人民性、时代性、民族性。

先进性要求必须坚持马克思主义的指导地位，用马克思主义的立场、观点和方法来研究文化、指导文化的发展。坚持文化的社会主义性质，始终代表人民群众的利益，有同错误思想、思潮做斗争的勇气，坚决抵制影响人民一切活动的噪声和杂音，坚定发展民族的、科学的、大众的社会主义文化。

人民性强调始终把为人民服务作为文化建设的出发点和落脚点。结合我国国情对文化发展的方向、要求进行调整，始终以满足人民精神文化需求为根本出发点，坚持以人民为中心的文化建设导向，从人民生活着手，遵循问题导向原则，切实解决人民的现实问题，用人民喜闻乐见的方式建设文化，提升全体人民的文化素养。

时代性要求文化建设要与国家发展同向而行，坚定文化自信、推动中国特色社会主义文化繁荣兴盛，增强国家文化软实力，提升国际竞争力。勇于创新，坚持社会主义文化发展方向，发挥社会主义核心价值观凝心聚力的作用，大力开展宣传教育，高扬意识形态主旋律，为培养时代新人营造良好环境。

民族性主要指中华优秀传统文化，继承中华优秀传统文化，增强文化自信，提升本土文化优越性，防止外来文化侵蚀主流文化，为坚定人民的理想信念提供教育内容。

（二）传统文化

传统文化是指在中国地域内由中华民族及其祖先创造的，并世代传承的文化，是中华民族在思想文学、风土民俗等各个领域发展历史的集合。传统文化具有鲜明的民族性，是中华民族特有的文化瑰宝，而不是世界上任何一个民族的。传统文化具有世代流传的特点，每个领域的发展都有其源头可寻，且后继有人，一直流传至今。比如，儒家的"仁义礼智信"，道家的"顺应自然"，墨家的"兼爱非攻"等思想都被世人耳濡目染，至今仍是学术研究的对象，具有源远流长的特点，其源头可追溯到有巢氏、燧人氏、伏羲氏、神农氏，如伏羲创八卦、神农尝百草等这些故事早已被世人传唱。传统文化的内涵博大精深，包含了中华民族艺术、医学、文学思想、建筑、风俗等多个领域的发展历史，丰富了中华文化的内容。

中华传统文化的内涵是非常丰富的，既包含对社会有益的内容，也包含一些对社会发展不利的内容。这就需要我们用一种辩证的眼光来对待中华传统文化，取其精华，去其糟粕，传承优良的品质，使中华优秀文化真正渗透于人们的日常生活之中，与社会主义核心价值观融合，提高国民的综合素质。

（三）西方文化

西方文化是指具有代表性的能够反映西方主流价值观念的文化。西方文化发源于古希腊时期，以文艺复兴时期形成的思想为基础，逐渐形成以自我为中心、以理性为工具的文化形式。西方文化传递的价值观念既有促进社会发展的一面，也有阻碍社会发展的一面。一方面，西方文化中以民主、科学为主的思想为西方社会的发展提供了精神来源，为其他国家确立思想提供了参考价值；另一方面，随着时代变化，西方文化宣扬的以自我为中心的个人主义思想的弊端已经显而易见。经济全球化、信息全球化的发展促使各国文化相互交流、相互碰撞，为西方文化传入中国提供了渠道，也让西方文化中的消极成分有机可乘，不断渗透着国内社会主流价值，侵蚀国内社会成员的价值观，消解社会成员的国家认同感、社会认同感与文化认同感等。防止西方文化消极成分的渗透，就要在增强国民辨别能力、提升国民文化素养上下功夫，同时要弘扬中华优秀传统文化，增强文化自信，筑牢主流文化的主导地位。

（四）大众文化

大众文化是指以大多数群众为受众对象，以市场为导向，以大众传播媒介为手段的具有营利性、模式化、通俗化的文化。随着现代工业社会的出现，大众文化应运而生，集中体现了当下社会成员的生活现状和精神需求。大众文化模式化强的特点使大众文化能够在掌握市场规律后快速生产出满足社会成员精神需求的文化产品，利用现代技术快速生产，并推送给大众。正因如此，大众文化传递的价值往往浅尝辄止，未能引起受众的深度思考，同时大众文化的过度娱乐化使受众过于在乎当下感受而淡化了社会责任感，消解了人文精神，稀释了对科学理性的思考，在一定程度上阻碍了社会的发展，不利于社会主义文化强国的建设。当然，大众文化也有积极的一面，大众文化以喜闻乐见的方式出现在大众视野中，能够快速捕捉大众需求，从而生产出满足大众精神需求的、为大众广泛传播的文化产品，促进文化间的交流，开阔大众视野，丰富大众精神生活。因此，可以利用大众文化传播的特点创作出具有主流文化价值的作品并通过现代技术传递给大众，引导大众树立科学的价值取向，提高大众的辨别能力，增强大众的文化涵养。

（五）精英文化

精英文化是指在各个领域中具有一定的学术造诣的人，尤其是人文科技方面的知识分子创造的文化。精英文化的受众以受教育程度或者文化素质较高的知识分子为主，体现了这一群体在审美、价值和社会责任方面的思想。与大众文化相比，精英文化更显其高雅。精英文化强调人文精神在生活中的作用，注重文化尤其是学术的纯正与规范，彰显了创作者为提高社会整体素质的责任感，体现了创作者高度的人文自觉，实现了创作者个人追求与社会理想的最大契合。精英文化的创作者取得的成就是有目共睹的，突显了这一群体特有的文化价值。创作者通过批判不符合历史事实和社会发展的言论，为提升社会素质及传递人文精神做出了重大贡献，积淀了深厚的文化底蕴。但市场经济带来的负面效应严重冲击了精英文化，功利主义、实用主义导致部分文化向利益趋同，一部分人在经济快速发展中迷失了方向，淡化了坚持人文精神的初心，弱化了提升社会整体素质的责任感，削弱了精英文化的创新创造活力。

（六）网络文化

网络文化的生成主要是指文化生产空间的转向，即由现实空间转向网络空间生产出的文化内容，主要表现在两个方面：一方面，"技术与文化的同构"。信息技术的迅猛发展，给文化提供了更广阔的发展空间，文化通过信息技术的重新编码在网络空间得以发展；另一方面，技术的发展影响了人们的交往方式，使人们在网络空间中以新型的交往关系进行文化实践。在这一过程中，网络空间不再是以单一的技术而存在，而是通过技术对信息流的生成、传播方式进行变更，以此对实践者的生存方式、交往模式进行重构，进而催生出复杂的网络文化。由于网络空间的虚拟性、流动性、隐蔽性，导致网络文化价值具有双面性。就积极方面而言，网络文化在一定程度上满足了人们的文化追求，使个体通过技术实现了文化交流与交换，扩大了文化的生产，丰富了个体的文化利益；网络文化也推动了主流文化的革新，为主流文化的发展提供载体和资源。就消极方面而言，网络文化对实践主体的影响较大，网络文化的碎片化使主体的精神世界被拆解得支离破碎，严重影响主体形成系统的知识体系。

五、多元文化的主要特征

（一）多样性

多样性是多元文化最鲜明的特征。多元文化的多样性得益于不同文化的相互交融、相互碰撞，如西方文化与中华文化的交融，好莱坞电影将蝙蝠侠、超人等带有个人英雄主义的内容输入我国，孔子学院的设立将中华文化传播到世界各国，为世界文化的繁荣发展贡献了力量。

除此之外，多元文化的多样性也指本土文化自身的多样，例如，我国有56个民族，各民族由于地理环境、生活习惯等多方面的差异形成各具特色的民族文化，共同构成我国文化的多样性。当然，除民族文化之外，经济的发展、技术的更迭也影响着我国文化的发展，例如，现代工业社会催生出的大众文化，这些不同的文化形式在我国呈现出多元文化的局面。

（二）平等性

平等性指平等地对待不同文化。多元文化强调平等，具体指一个国家中非统治阶级的文化不需要丢弃自身文化转而接受统治阶级的文化，可以接续发展自身文化；强调不同文化都有其独特性，尊重不同文化的发展内容，肯定其所蕴含的价值，给予不同文化发展空间。多元文化中多种文化并存必须以促进社会发展为前提，其所蕴含的价值必须符合本国所传递的主流价值观念，对于不符合甚至试图侵蚀本国主流文化的文化形态应当加以防范。因此，在提供不同文化平等发展机会、重视和保护不同文化的同时，也要强调对主流文化的保护，注重对主流文化的宣传，促进主流文化价值观念入脑入心。

（三）交流性

多种文化并存发展的条件之一便是不同文化之间的相互交流。经济全球化的深入发展推动了文化全球化的发展进程，由此也促进了民族文化的发展。世界上有2000多个民族，每个民族的文化都各有特色，蕴含的价值观念也各有不同，因此，在文化交流过程中既要将本民族的文化推广至全球，大力推动文化"走出去"，同时也要注意"引进来"的文化与中国特色社会主义的发展相适应，以传递本土主流文化的价值观念为主，本着平等的原则促进世界各民族文化的交流。

（四）共同性

共同性是多元文化的又一个特点，即属于并列关系的不同文化之间的共同特征或相似性。不同文化所蕴含的价值本质上都是社会成员对美好生活的追求，突出了他们对生活的态度，多数文化是积极向上的，是对社会成员价值观念的集中体现，代表一个民族的道德倾向。共同性是不同文化在某个领域达成的共识，这种共识是不同文化并存发展的前提，也是不同文化相互吸引的重要条件。

（五）稳定性

文化生态的发展与自然界的生态平衡一样，也处于在动态中维持相对稳定的状态。换句话说，人类社会的发展需要文化维持相对稳定的发展状态，只有文化相对稳定，人类社会才能得以持续发展。目前全球范围内的文化种类多样，且难以分门别类，但不可否认的是每种文化的形成都是历史的积淀，并适应于它所属的区域、种族、国家，并且是维护该区域文化生态稳定的重要因素。由此就不得不警惕另一类现象的发生：个别原生传统文化正在无声无息地消亡。这一问题在我国也时常发生，根据调查，我国每年都有2000多处文物文化遗产消失，传统民间文化正面临着后继无人的困境。所以要保持文化的相对稳定发展状态，势必要关注小众文化，保护文化多样性。

六、多元文化的生存模式

差异与共存是多元文化最主要的属性，那多元文化是如何做到差异性与交流性的统一的呢？要回答这个问题就必须深入了解多元文化发展的内在模式。多元文化的发展状态比较复杂，但就目前来讲，可将文化共存的状态概括为以下三种：

文化抵触是多元文化生态中常见的互动关系。从根本上讲，不同质的文化本身就包含着差异化的价值内核，这种内核各自背后所代表的种族、地域、部落等颇为复杂，即便是同一民族内部也会衍生出不同的文化分支，这种复杂的差异使社会中的多类别文化不能和睦相处。在日常生活中我们也能亲身感受到这种文化之间的冲突现象，在我们到国外去闯荡的时候，我们先前已有的价值观和核心信仰遭受了重大的冲击。[1]从古至今，每种新文化的产生都伴随着旧文化的抵触，从而产生对抗，这种对抗的程度与持续时间往往不同，但正是在这种文化的对抗中我们才会不断去寻找解决的办法，虽然这种冲突一般难以得到恰当的处理，但从某种意义上说，正是文化之间的冲突无法得到充分解决，才保证了社会文化发展的多元性。

文化交融是多元文化发展比较常见的状态。简单来讲，文化交融就是指不同质的文化相互吸收借鉴并组成一类全新的文化产物。众所周知，文化多元的核心在于价值观念类别的多元，正是由于差别的存在，异质文化之间相互吸引，具备了同化他者的能力。这主要是因为在人类社会的发展过程中不同主体甚至是同一主体在不同时段都会产生不同文化需求，当一种文化难以满足众口时，人们就会

---

[1] （英）理查德·刘易斯. 文化的冲突与共融 [M]. 关世杰等译. 北京：新华出版社，2002.

将需求取向转到其他文化上，若还是不能满足精神需求，就会自然而然地将这些不同种类的文化结合起来，从而促成新文化的诞生。而这种新诞生的文化，拥有着独特的内核，是一种全新的文化形态，人类文明的发展也正是在这种文化交融的趋势下得以延续。

文化整合是文化本身作为人类社会实践产物的最终归宿，即将原本各自分散、孤立、相互区别的文化整合在一起，发掘其中符合人文关怀、利于人类社会进步的要素，使之能够代表全人类的集体利益。因此，不管文化多元的程度如何，最终的归宿都要落到人本身的发展上来，改造个别文化内涵的消极、无益因素，净化社会文化生态，使之能够满足更多人的精神需求。而文化整合这种生存模式，也将一直伴随在多元文化和平共处的社会现实中。

这三种文化生存的模式并不是单一的循环或者轮替，而是处在并行发生并且不断发展变化的动态过程中，共同构成我们如今所感知到的文化盛宴。

第二节　商务英语翻译的文化转向

一、翻译文化转向的概述

翻译理论与翻译研究的发展是不断推进、不断进步的过程。在"文化转向"之前，语言学派的翻译理论与研究占据了主导地位。语言学派的翻译家主张把翻译研究的重心放在语言范畴内，强调译文在词汇、语法与句法等方面应实现对等。然而不论语言学派的理论与研究多么深入，终究还是在语言范畴内做文章，始终有其固有的局限性，没有充分考虑更多的因素，如文化、历史传统等往往会对翻译产生不容忽视的影响，即便语言学派涉及了"文化"概念，其涉及的也是微观的、狭隘的文化，没有充分将历史学、社会学等广阔的文化领域涵盖在内。

翻译绝不是简单的语言转换，更多时候它更注重对原文本中文化意蕴和思想的灵活、准确传递。早在20世纪50年代，英国学术界便展开了有关文化的研究。20世纪70年代起，许多翻译理论家也从各自的视角出发，阐释翻译活动具有文化性。1990年，翻译文化学派的杰出代表巴斯奈特（Bassnett）和勒弗维尔（Lefevere）在他们的合编著作《翻译、历史与文化》中正式提出"翻译的文化转向"

这一概念。翻译文化学派对翻译理论的创新与发展贡献颇大，他们认识到文化在翻译过程中的重要作用，强调翻译不只是信息的传输与字、词、句之间的机械转换，更不应局限于语篇与语言层面。在翻译活动及具体实践中，译者应考虑更多的因素，将其根植于社会、历史文化发展的具体情境之中。翻译的文化转向，为翻译理论和翻译实践的发展开启了新思路，也拓宽了翻译研究的领域与空间；同时，它冲破了语言学派翻译研究的局限，勇敢地推陈出新，推动翻译领域的发展和前行。

文化转向之后，翻译研究的重点也发生了变化，以前的翻译研究更侧重原文，如今充分重视译文，译者会全面分析与研究在翻译过程中译文受到哪些内、外在因素的影响，应该采取什么策略和翻译方法来更好地传递原文中的特色文化因素。毕竟文化转向中的"文化"并不是一个空泛的概念，它有特定的语境，涵盖了很多领域的内容和知识。通常"文化转向"中的"文化"是以翻译出的成品为中心的，影响成品的一切外在因素都属于此处提及的"文化"的范畴。翻译绝不只是语言的交流与转化，更是一种跨越重重障碍的文化交际行为。在翻译实践中，原文本的选择、历史文化背景、翻译目的、译者选用的翻译策略与方法、译文传递效果等皆应该考虑在内。

二、文化转向对商务英语翻译的启示

文化翻译观认为翻译的基本单位不是词、短语、句子或语篇，而是文化，"翻译即改写""翻译即操纵"，注释、评论、选编等都是"改写"，"改写"就是"操纵"，可以操纵文学，"操纵"文化。文化学派将殖民时期的殖民者如何通过翻译对被殖民者进行经济侵略和文化霸权为其理论支撑，因为翻译在殖民化过程中有着举足轻重的地位，如通过翻译进行强势文化对弱势文化的侵略，并重新塑造殖民地区的文化意识等。与此同时，文化转向更强调译者的意志而不是作者的意志。译者在翻译过程中能享受更多的自主创造性，根据其所服务的文化进行翻译活动。面对承载着异域文化的异域文本输入或承载着本土文化的本土文本输出，译者是要将异族文化或本土文化进行淡化还是明晰化的处理，是要凸显个中的文化差异还是隐去文化冲突，这都要取决于译者的立场和态度，归根到底就是取决于译者所服务于的文化。如果译者是服务于本土文化，他可以有意识地保留和突出本土文化，而将异族文化尽量地本族化，反之亦然。因此文化转向提倡使用如"异化""归化"等翻译策略处理文化弱化和强化的不平等之间的交流。

　　国际间的商务来往具有一定的经济性、政治性和社会性，因此商务英语翻译活动是一种经济活动、政治活动和社会活动。而经济、政治和社会都被包含在文化这个几乎无所不包的大概念下，所以商务英语翻译更是一种文化活动。透过翻译可以实现隐藏在翻译背后的人为主观意识，如实现本土文化的输出、异族文化的输入、新文化的本土化和新旧文化的趋同等。如中国著名品牌"海尔"的翻译，根据海尔集团首席执行官张瑞敏的理解，海尔所承载的文化信息是大海。在中国文化中，大海是胸襟博大的，正如海纳百川；大海又象征着集体，每滴水融入大海便不分彼此；大海又是生命赖以生存的摇篮，年复一年地奉献而不求索取。因此，海就象征着海尔集团的文化，海纳人才、众志成城、服务大众的精神。从功能对等的角度说将海尔翻译成 Ocean 更能为外国人所接受和理解，然而海尔并没有采纳这种翻译，而是采用具有中国特色的拼音翻译 Haier。因为译者有意识地在国际上树立一种中国文化，也就是说把中国的地道表达强加到外国文化中，而不是在外国文化中找出一个功能、信息对等的词进行转换，译者要让承载着中国文化的 Haier 品牌独树一帜，而不刻意化异求同，以博大众的接纳。这样国外人一看到 Haier 就能联想到中国的文字文化和品牌质量等。因此，翻译服务于文化，这就是翻译在大背景下的一种文化身份。商务英语翻译理论研究同样也可以沿着这条道路发展。

第三节　多元文化对于商务英语翻译的启示

一、培养多元文化的意识

　　由于多年的灌输式教学，学生对教师的教学方式早已习以为常，在重复的教学中，学生的知识水平都很高，但他们的创新能力并不理想。这就要求在进行商务英语翻译教学时，对学生有针对性地指导。要让学生充分认识到，在这个多元的世界里，有不同的思想、不同的文化。要想了解和自己发生各种关联的商务伙伴的认知，只有一本简单的礼仪书是不够的，要实现这个目标，就必须在我们的脑海里形成一个多元化的文化观念，培养对文化的重视。

二、尊重包容异域文化

翻译是各个文化间沟通的桥梁和纽带。面对各个民族的不同文化和语言，我们不应该排斥和诋毁，而应以尊重宽容的心态去接受和了解。作为译者，从新文化中吸收优秀的部分和新语言的语言结构能让自己对翻译有更深的理解，对不同文化的特征有更明确的认知，帮助自己清晰地进行不同文化的翻译活动。本民族的传统文化和新文化的优秀部分相融合，有助于译者更好地进行语言输出，使自己的翻译表达更为地道，翻译所追求的就是使自己的译作像对应的目标语国家的本土著作一样。

赫尔德（Herder）曾说，学习了解外国语言不代表忘记和摒弃本民族的语言文化，周游世界各国也不代表着完全使自己多年形成的习惯发生改变。确实，学习异域文化只是为了在本身的基础上增长一些见识，使自己对跨文化的翻译活动有理可循、有材料可借鉴，能够对世界不同国家的文化习俗进行学习研究。

此外，我们还应维护和促进文化多样性。因此，我们要学会对外来语言和文化兼容并蓄，吸收借鉴，取长补短，尊重包容，这样，才会在翻译的过程中减少一些对异域文化了解缺失的障碍。

三、加强交流互动

人类社会曾长期处于封闭的发展环境中，甚少与外界交流。而人们要想走出这种困境，就要坚持多与世界对话，多与世界各国进行友好和平的交流，形成开放、和睦、发展的国际大环境。

任何一种文化，无论多么强大、多么辉煌，都有其自身局限性。因此，学习外来文化，取其精华，去其糟粕还是十分有必要的。

社会的进步、文化的积聚和世界发展的促进皆与翻译活动息息相关，而这几者应该是相辅相成的关系。近年来，世界各国间交流互动越来越频繁，不同文化的人们都想对世界各国文化、语言以及各领域等有一定的了解。所以，对翻译活动的需求量不断加大,对译者的要求也在不断提高,译者要准确到位地对不同文化之间的异同以及各领域的发展情况进行详细说明,翻译的重要性可想而知。由此,我们可以把翻译这项活动看作一种跨文化的活动。

在商务英语翻译实践中,加强国际间的交流互动,有利于更好地了解其他国家和地区的文化,进而使商务英语翻译取得良好的效果。

第二章 多元文化视域下的商务英语翻译理论

理论是实践的基础，在多元文化的视域下，对商务英语翻译的理论进行梳理，有利于其更好地实践。本章分为概念梳理、翻译标准、翻译原则、翻译策略四部分，主要包括翻译的概述、商务英语概述、商务英语翻译概念、翻译的基本要求与规范、国内外当代翻译标准、商务英语翻译标准、忠实原则、礼貌原则、准确原则、专业原则、循例原则、文化差异原则、异化翻译策略、归化翻译策略等内容。

第一节 概念梳理

一、翻译

（一）翻译的内涵

翻译是一种重要的信息传递方式，许多学者从信息学的视角来解释翻译的含义。在王德春看来，翻译就是将一种语言中的信息进行转化，然后用另外一种语言来传达它所传递的文化信息。而李树辉认为，翻译是对信息进行解码和再编码的一种行为。此外，他还发现，从其他角度解读翻译的含义，如符号学、文艺学等，并没有充分地反映出翻译的本质特征，甚至存在着偏差。尽管他的看法具有一定的主观性，但从其存在的角度来看，翻译的内涵已经出现了多样化的倾向。

19世纪末20世纪初，人们把文化背景和语境看作影响信息传播的重要因素，认为翻译是一种涉及整个人类交际体系的交流和沟通活动。许钧教授指出，翻译是一种以符号转换为手段，以意义再生为使命的跨文化交流。杨贤玉的翻译意蕴也是从翻译符号学的角度来解读翻译的。他把翻译分为广义和狭义两种：广义上翻译称为"符际翻译"，它着重于"基本信息"的转化，它的范围非常广泛，涵盖了本族语言与非本族语言、方言与民族共同语、方言与方言、古语与现代语、语言与非语言（符号、数字、身体语言）间的信息转化，语言与其他交流符号的转换；狭义的翻译通常是"语际翻译"，即英汉互译、法汉互译、德英互译等。

符号学内涵的翻译从语义之间的转换升级为言语符号对象的转换，涵盖了整个人类的交际体系。但是，这一解释是对语言学的一种扩展，它继承了语言学定义中的"转化"与"对等"的概念，并且受到了语言学的限制。

传统的翻译理论认为，语言分析与文本对比是翻译研究的基本任务。但是在具体的实践中，翻译也要考虑两种语言所承载的文化。翻译的文化学意义是以符号学的基本概念为依据的。在国外，对翻译的文化学内涵研究有很大影响的学者是兰伯特（Lambert）和罗宾斯（robbins）。张今是我国著名的翻译理论家，他也是从文化交流的视角来阐述翻译内涵的。张今认为，翻译可以被视为两种语言社会之间的交流或交流手段，而翻译的目标也是推动两种语言社会政治、经济、文化等方面的发展。

翻译的文化学，把翻译的视角从译者的视角转移到了整体的翻译，把翻译作为一种跨文化的交流，突出了翻译的社会作用。

翻译的艺术性实质上就是从美学的视角来研究翻译，把翻译看作一种艺术创造。兰伯特、拉斐维尔（Rafer）、赫曼斯（Herman）等西方文学流派的代表性人物，都把翻译看作对原文的艺术再创作。茅盾认为，文学翻译就是通过不同的语言来表达原文的艺术意蕴。王以铸这样解释翻译的定义：好的翻译不是把原文一字一句地搬来，而是把它的"神韵"表达出来。

这些对翻译内涵的诠释都是以艺术化为目标的，而这些界定也在一定程度上影响了文体学、修辞学、美学以及对翻译成果的探讨。不难看出，一些观念也类似于译者的一些零星的体悟或总结，但它们在人们对翻译的理解过程中起着过渡的作用，从无规则的概括到有规则的内容分析，译者也开始转向系统翻译理论。

（二）翻译的特点

1. 体验性

翻译是一种认知活动，同样具有体验性。由于人类生活在基本相同的现实世界，具备相同的大脑结构，具有相似的感受力和认知力，因此在基本思维方面以及体验中存在着诸多相同之处。

2. 互动性

翻译是一种具有多重互动性的认知活动。其多重互动包括"现实与主体（作者、读者、译者）、主体与源语言、主体与目标语，以及读者与作者、译者与读者之间的互动"。因此，我们在翻译过程中应该将语言、文化、认知、作者、文本、译者及读者等成分有机地结合起来，不可使之孤立。

3. 创造性

翻译作为一种认知活动，在认知主体——译者的参与下进行。由于译者的体验与原作者的体验并非完全相似，且在主观能动性的影响下，译者在不同的语言表达方面会存在差异性。因此，译文不可能完全忠实于原作者及原文，不可避免会带有译者的主观性，必然会具有一定的创造性。

4. 和谐性

翻译时需要兼顾作者、文本、读者这三个要素，倡导和谐原则。语言交际的一个重要目标是实现和谐的人际互动，因此，翻译应当在顺应语言交际的前提下进行，在遵守"和谐翻译"的原则下实现和谐交际，进而推动和谐社会的实现。

5. 语篇性

翻译活动主要是以语篇为基础，围绕整体意义、主旨、风格和客观世界以及话语所呈现的主观世界而展开的。这要求译者在进行翻译时不可割裂语篇，必须透彻分析语篇整体的功能和认知，深入思考语篇中各类成分的意义，精准地理解并翻译，如实反映语篇的整体性、连贯性、一致性。

二、商务英语

国内外学者对商务英语的概念界定存在分歧。在国外，埃利斯和约翰逊（Ellis & Johnson）对商务英语概念的界定是最具有代表性的。他们指出：商务英语不同于普通英语，是专门用途英语的分支之一。商务英语和专门用途英语有着共同点，也有不同点。共同点在于它们都有四个重要元素：需求分析、大纲设计、材料选择和开发，不同点在于商务英语强调在特定环境和背景下的专门的交互式活动。国内学者张佐成和王彦认为商务英语学习活动必须创建在商务活动的基础上，综合了商务知识、英语语言知识和跨文化知识。王立非和葛海玲指出：商务英语是一门特定课程，主要研究英语在国际商务领域中的普遍性应用原则和基本特点。

三、商务英语翻译

商务英语是英语的一种功能变体，是专门用途英语的一个分支，是包含各种商务活动内容、符合商业需要的标准英文。刘公法认为世界经济不断发展，国际商务活动日益频繁，在这些活动中所使用的英语被统称为商务英语，其中涉外商务活动主要包括商品进出口、技术引进、招商引资、劳务进出口、国际金融、国际旅游、跨国投资、国际运输等。随着经济的发展，各国间商务往来日渐频繁，商务文本的翻译显得日益重要。翻译标准因文体不同而各异，主要包括公文体、广告体、论说体、契约体、应用体等。这些不同的文体形式其交际功能也不同，因此对翻译标准的要求也不相同。

第二节　翻译标准

一、翻译的要求与规范

（一）翻译的要求

1.翻译要忠于原著要求

译者应当客观地表现原文，选择忠实解释原文所必需的、相应的译文表达手段。大而言之有科学性与艺术性、可译性与不可译性、主体与客体、忠实性与创造性、原作风格与译文风格、直译与意译、形似与神似、异化与归化、等值与超越、语言与文化等。尤其是在翻译文学作品时，需要用另外一种文化语言氛围替代原文，而且要发挥译者的再创作能力。小而言之有：如何再现原文风格之藏与露、曲与直、疏与密、淡与浓、文与质，如何再现原文句式或表达方式的急与缓、短与长、强与弱、行与歇、纵与横、点与面，以及翻译技巧之增与减、顺与逆、分与合、正与反、抽象与具体、主动与被动等。语言在翻译中的作用和它在社会生活中一向所起的作用一样，它也是人类交往的最重要手段。在翻译中用另外一种语言表达原作的思想时，必须使译文翻译全面、明确、真实，必须使译文符合译语规范。对于翻译中的诸多矛盾，古今中外的译论均有论述，但由于论者所选取的立场与角度不同,或所涉及的翻译客体性质有别,抑或所处的语言、文化环境及时空位置不一,更重要的是,由于论者所持的世界观、认识论不同,往往对同一个问题有不一致的看法,乃至相互对立、各执一词、互不相让。原作的内容同原作语言的形式有直接联系。翻译中必须突破原文和译文的语言单位在表达方面即形式上的不同,以求得它们在内容上的一致。

2. 英语翻译对翻译者的要求

(1) 扎实的英语基础

译者的译文水平取决于译者对原文的理解。要提高英语的阅读理解能力,必须从以下三个方面入手:

①要有足够的英语词汇量,不然很难做好翻译工作。

②要对英语语法进行系统性的学习,确保在语法层面上不出现错误。

③要经常阅读英语的原文,使自己的理解能力得到提高。

(2) 扎实的汉语基础

译者要努力提升汉语的水平。一般来说,译者的汉语能力是影响翻译质量的第二大重要因素。然而,汉语的翻译要求与英语的要求是不同的,汉语更加注重写作表达,而英语侧重于阅读和理解。因此,要想在英汉翻译方面有所建树,就必须多读汉语原文,并经常练习汉语写作,这样才能熟练掌握并自如地使用汉语。译者的翻译水平主要表现在对原文的具体内容和具体形式上的灵活运用,避免译出生硬牵强的"英语式汉语"。

(3) 广阔的知识面

翻译是文化知识的传递媒介,因此,译者的知识结构必须尽可能地丰富。同时,译者要具备一定的专业技能,比如:翻译科技著作需要具备科学技术方面的专业知识,社会类专业论文的译者要具备相应的社会文化知识。另外,译者必须对欧美各国的历史、地理、政治、经济、军事、外交、科学技术、风俗习惯、宗教信仰、民族心理、文化传统等知识进行全面了解,也要精通译者本国的"百科知识",以便在翻译时能够得心应手,不至于张冠李戴。

(4) 合理的翻译策略

译者可以不干涉翻译理论,但也要有自己的翻译战略。译者的经验、知识、性格、审美等因素都会在不经意间影响他们的翻译策略。对初学者来说,要尽可能地避免采用极端的翻译方法,应采用"适中"的翻译策略,逐步熟悉翻译规律、方法和技巧。

(5)认真负责、谦虚谨慎的学风

翻译工作非常复杂,非常细致,对译者的要求很高。想要做好翻译工作,必须全心全意地投入这种工作中去。同时,要虚心向那些优秀的译者学习,吸取他们的经验和技能,使自己的翻译能力得到进一步的提升。

(二)翻译的规范

西方翻译理论中,对翻译规范开展比较细致、深入研究的学者主要有:吉迪恩·图里(Gideon Toury)、安德鲁·切斯特曼(Andrew Chesterman)和西奥·赫曼斯(Theo Hermans)。

1. 图里的翻译规范研究

吉迪恩·图里是西方最早较为系统地阐述了翻译规范理论的,图里是以色列特拉维夫大学的教授,主要研究方向为诗学比较文学和翻译理论,基于多元系统理论框架,尝试研究翻译中文化制约规范。他对翻译规范的研究主要体现在两本著作中,即《翻译理论探索》和《描述翻译学及其他》。

(1)规范的本质

规范是任何活动关系中的一个重要的概念,正是因为规范的广泛存在,才确保了社会秩序的确立和稳定。图里认为,翻译活动应该被视作具有文化的重要意义,译者首先能够扮演社会的角色,完成整个社群分配给翻译活动的功能,会有一套规范确定翻译活动的合适性,这个合适性控制限制翻译活动的各种因素。图里将翻译研究引入社会学的视野中,规范往往是在个人的社交中习得的,通常意味着一种牵制,不管是实际的还是潜在的,是消极的还是积极的。在社群内,规范通常也可以是一种标准,能够起到对行为活动进行评价和衡量的作用。在社会学中,协议、商讨、传统、行为惯常等都是最基本的概念,体现了人与人之间的社交性以及规范最初建立的源头。传统既是一种手段,也是一种寻求秩序和稳定的结果,但是,这种传统往往是模糊的,并不清晰,规范就是对传统的一种具体化。

图里对规范的定义:规范一直被认为是社群所共有的对翻译的一般价值或者

思想——如什么是对的或错的，充分的或不充分的——在具体的情况下适合和适用合适的行为指令。这种指令限定了什么是规定的，什么是禁止的，以及在某种行为范围内什么是受宽容和允许的。规范可以视作对行为及其有形的结果的一种评判的尺度。规范并不是最后的一种，而是需要在众多可供选择的事物中做出选择，这种选择也不是随机的，即要能从重复出现的情况中发现规律性。

翻译活动既是两种语言之间的转换，也是两种文化之间的交流，至少涉及两种语言和两种文化的传统，在两个层面上都会有两种规范系统，因此，翻译的价值也可以被认为包含两种主要的元素：①在源语的语言或文化中产生的目标文本，能够在目标语的文化中占有一定的位置或者填补一定的空缺；②译语是构成源语的文本在目标语文化中的表述，能够占据确定的位置。这两种要求往往被定义为可接受性与合适性。翻译活动中涉及的两种文化通常是相似的，但并不是完全统一的，这就使可接受性和合适性之间通常是不兼容的，需要一种折中的办法，做出妥协，甚至融合。如果没有规范的调节，两种源语之间的冲突将完全由译者个人来调和，没有合理把控的尺度，这也必然会产生过度的自由。但是，文化系统中的翻译行为都会呈现出一定的规律性，这种规律性也是翻译活动通过大量的重复性工作、大量的文本总结出来的。

（2）规范的分类

图里所提倡的描述翻译学认为，翻译过程是由社会文化的规范、目的语文本的构成惯例等因素所启动的，翻译过程既涉及横向的因素，如译者的决策、翻译方法的选择，又牵涉纵向的因素，如翻译的社会文化因素。在实际的翻译过程中，译者通常受到预备规范、初始规范和操作规范的三重制约。图里首先谈到的是初始规范。译者在翻译之前都需要在可接受性与合适性之间做出选择，选择前者就意味着要接近目的语文本的规范，选择后者就意味着必须按照源语文本的规范，尽量使目的语文本贴近和反映源语文本，初始规范首先可以作为一种解释性的工具，在可接受性和合适性之间做出选择，即可以看作一种宏观层面的倾向，也可以看作微观层面的决策。

规范不仅可以影响各种类型的翻译，而且也可以在行为的每个阶段产生影响。从翻译的整个过程来看，翻译规范就可以形成一幅全景的图片，规范所控制的翻译行为大致可以分为预备规范和操作规范。

预备规范包括宏观性层面的两大考虑，一个是关于翻译政策，另一个是关于翻译的直接性的程度。翻译政策指的是在具体的时间段内，被引入一种特定的文化或语言的过程中，那些控制文本类型甚至是个性文本的选择的因素。不同的历史时期，翻译的政策是不一样的，中国的历史上曾出现过三大翻译高潮，以佛经翻译、科学翻译、西学翻译为主线，跨越东汉至宋代、明末清初以及鸦片战争之后。不同时代的翻译活动都打上了时代的烙印，受到当时的历史文化情境的影响，也直接受当时翻译政策的影响。翻译的直接性程度指的是其他语言翻译的容忍度的界限，比如，间接翻译是否被允许？从何种语言／文本／时间来翻译是被允许／偏好／禁止／容忍的？什么是被允许／禁止／容忍／偏好的中介语，为什么要给予它们这样的地位？有没有一种被忽视／隐藏甚至被否定的倾向？如果事实被提及，有没有倾向／义务标记翻译是一种中介语，或是明确中介语的这种身份？等类似的问题。

操作规范可以被视作翻译活动过程中指引决策的行为，是一种微观层面的指导，影响文本的构成，即语言材料的分布方式，直接或者间接地控制着源语文本和目的语文本之间的关系。操作规范具体包括整体性规范和语篇—语言规范，会影响译者选择的因素。整体性规范会控制目标语言材料的存在，可以作为源语材料相应的代替（也被称作翻译的完整程度），在文本中的位置（或者是实际的分布）以及语篇的划分。换言之，翻译中的省略、添加、位置的变化以及对分割的控制等，都是受规范控制的。当然，整体性规范的界限并不是分明的，彼此之间也都会相互影响。语篇—语言规范反过来也会控制选择材料来形成目标文本，或者是替换源语语篇和语言材料。语篇—语言规范可以或多或少是普遍的，适用于所有的翻译，也可以是特别的，和某种特定的文本类型或者翻译模式相关。

很明显，相较于操作规范，预备规范具有逻辑和时间上的优先权，译者在翻译之前都需要考虑翻译什么和如何翻译，这并不是说两者之间并不存在关系，相反，两者是相互影响，甚至是双向调节的关系。操作规范可以构成一种模式，在这种模式下翻译才真正形成，这种模式牵涉由源语文本形成的规范，以及特定的修改，或者是纯粹的目标规范，又或者是两者之间的专门的折中。

（3）规范的描写性

图里对"什么是翻译"的回答摒弃了其规定性，侧重翻译事实的"实然性"

描写。在他看来，翻译始终是一个目的语语境中的事件，因此翻译是"一切在目的语系统中被认为是或者是以翻译方式呈现的东西"。事实上，不同时期、不同社会文化背景下，人们对翻译的界定并不相同。整体来看，翻译规范所关注的对象是"译者们（包括那些自称为译者的人）的行为以及他们行为的最终结果（那些成为译文或者被当作译文接受的东西）"。那么，从译者行为结果的角度来看，翻译规范首先就是特定时期、特定社会文化语境下人们对翻译所形成的基本观念及价值认同。在目的语语境中，什么样的东西是翻译，或具备什么特点的行为结果可被当成翻译对待，所体现的是当时特定的观念和价值判断。需要指出的是，不同于以往规定性界定，这里的观念和价值判断并不是唯一的、确定的，而是随不同社会文化语境而变化，即便是同一时期，翻译规范也存在多样性，呈现多元规范并存的局面，即图里所说的先前规范、主流规范与新规范的并存及彼此更替。

此外，翻译规范主要与译者行为相关。翻译规范被看成译者行为的制约因素，翻译则是"规范制约的活动"。描写翻译研究的目的是突破传统规定性研究的缺陷，通过对具体翻译实践的描写，建立普遍的描写法则，为实践过程提供解释框架。需要指出的是，翻译普遍法则的建立，不是在走规定性的老路——追求一个永恒的法则，而是对实际翻译行为的尝试性解释和分析。图里曾专门强调："'法则'在这里可简单地看成是'可观察到的规律'。这些法则完全是描写性的，是对实际翻译行为的经验性解释。它们符合下面的形式：在条件 ABC 下，译者倾向于做（或者不做）——X。这样的法则就是我所说的普遍性描写法则。"这里图里所提到的"可观察到的规律"就是翻译规范的外在表现活动，但它并不是规范本身。对翻译规范的发掘必须从这些可观察到的规律中去提炼。根据对翻译过程的经验性描写可看到："就实际翻译实践而言，正是对规范的适应才产生了规范制约的行为。这些行为导致了规律性在表层的生成。因此，任何学术活动中对规范的追寻必须走相反的路径。"[①] 这里图里给出了确定翻译规范的方法与路径，即基于规律和规范的关系，我们必须通过对翻译活动中蕴含在译者行为中的规律进行充分的描写，才能从中提取出潜在地制约翻译行为的翻译规范。从这个层面来讲，至少就翻译规范的描写和探寻而言是完全描写性的，必须是基于对翻译实践以及可观察到的规律的充分描写，才能重构某个时期的翻译规范。

---

① （以色列）Gideon Toury. 描述翻译学及其他 [M]. 上海：上海外语教育出版社，2001.

翻译规范在描写重构之后，其功能是以什么样的方式体现的呢？是不是就具有了规定性？实际上，描写翻译学视角下的规范并不是决定性的、规定性的概念。正如描写性法则一样，图里认为，除非在一个文化内它们被当作具有约束力的规范加以接受，它们本身并没有强迫任何人。由此可见，如果人们愿意将翻译规范作为规定性概念来接受，那么翻译规范就会产生规定性的效果，从而指导翻译实践。但这涉及人们对规范的接受和应用，并不是翻译规范本身的规定性。事实上，在图里看来，翻译规范可以是（对可观察到的行为或者行为结果的）解释性假设，有助于对翻译实践的描写、解释和预测。"规范的描写性通常意味着从人们实际实践所提供的证据中得出推论，也就是我们想要说明在一个已知的行为领域中，翻译可能是什么样子"。具体到译者行为，即通过规范描写所建立起的描写法则，强调的是翻译事件中译者行为的概率，基本的判断模型是"若X，则（或者则不可能）Y"。比如，在特定情况X下，存在翻译规范Y，相应的译者行为是（或者最不可能的行为是）A。那么，我们只是可以预测和分析，如果具备了X的条件，译者在面对Y的情况下，更加可能（或者更加不可能）采取A这样的行为，但未必是说译者只能采取A的行为。他也有可能遵循了其他的边缘规范，这样的判断属于概率性预测，不含机械决定论的倾向。

2. 切斯特曼的翻译规范研究

安德鲁·切斯特曼是英国人，在芬兰赫尔辛基大学任教，他基于图里的规范研究，进一步拓展了翻译规范的内容，提出了自己的一整套理论。他对翻译规范的理论进行了补充性的研究，思想主要体现在其代表作《翻译模因论——翻译理论中的思想传播》之中。

（1）规范的定义

翻译研究中，规范理论已经被习惯性地分成规定性和描述性两大类，两者似乎并不容易区分，还产生了一些争议。但是，切斯特曼对翻译规范的研究是描述性研究，在他看来，翻译研究如果是真正科学的，也必定是描述性的。翻译活动中的规范与翻译研究中的规范是两个层面的问题，前者是指规范的社会存在，而后者是对这种社会存在的一种客观、中立的描述。在切斯特曼的理论中，文化基因和规范的关系非常紧密。在切斯特曼看来，规范就是一种文化基因，当一种文化基因由于实际的、政治的、文化的、审美的等原因，成为一种社会主导，而与其竞争的基因开始退却，这种文化基因就成为一种规范。在特定的历史时期占据主导的文化基因也就是规范。切斯特曼借鉴了美国语言学家瑞纳特·巴奇（Renate Bartsch）对规范的定义，即"规范是由一系列正确观念所构成的社会存在"，而不是"上级向下级发布的规定和命令"。在特定的社群里，人们不可避免都会拥有对特定行为"正确性"的共同看法，在某种意义上，行为是否正确还涉及意见一致的程度。作为一种"社会存在"，规范都是以主体间性而存在，个体有个体对规范的认知，但是，规范通常都是由他们的社会存在被人们认识。

（2）规范的分类

切斯特曼所讨论的翻译规范内容与图里的操作规范和初始规范有着相通之处，但是，他是从不同的角度来分析的，范围更加广泛。切斯特曼借用语言学中规范的分类来探讨翻译规范，语言学中将规范分为三种，即产品规范、传意规范和伦理规范。产品规范是描述特定的语言社群中语音、形态、句法、语义、和词汇等的正确性概念，这里的"正确"是指由社群中大多数成员所接受的正确，这里的规范也至少成为语言学研究的主要对象。传意规范要求说话人要以他人能够理解其意图的方式来沟通，并以符合说话人意图的方式解释，也就是要保持理性，行为要能足够达成目标，目标也正是要达成理解。伦理规范是指诚实、真诚的规范，无论是说话者还是听者，在说话传意时必须遵守传意或者互动规范，而不应该违反这种规范。如果确实要违反就让听者能够意识到你在违反这种规范，这有些类似格莱斯合作原则中的质量准则，不遵守这种规范必将会让传意限于危险之地。伦理规范既是传意规范的一种更严格的保障也是延伸。

基于此，切斯特曼将翻译规范分为产品规范和专业规范，产品规范最终是由目标语读者的期望所构成的，因此也被称为期望规范。期望规范是目标语读者就翻译应该是一种什么样的预期，这是由目标语中的流行的翻译传统和平行文本所决定的，也可能受到经济或意识形态因素的影响。而专业规范也就是翻译的过程翻译，涉及翻译的过程本身，对翻译过程具有一种指示、控制和示范的作用。

（3）一般性翻译法则与规范性法则

切斯特曼还区别了一般性翻译法则和规范性法则，讨论了专业规范（翻译行为）和行为法则（翻译过程）的差别。图里在此之前已经在多种场合下讨论过翻译理论的最终目标是要建立翻译行为的法则。法则可以被看作"可以观察的行为规律",这种翻译法则是纯粹描述性的,是概率性的,而非决定性的,有着一般的形式:在条件 X 下,译者一般做或者不做 Y。假定条件 X 可以确定,这种对翻译行为的一般描述性法则就可以在许多不同程度的概括性情况下建立起来。切斯特曼提出了两条著名的法则:①干扰法则,指的是译者通常在各种方式上受到源语文本语言的影响;②明晰法则,指的是译者倾向于生产出比原文本更加明晰、晓畅的文本。

规范是迈向翻译法则的重要一环,规范是随着社会环境的变迁而变化的,不同的时代其翻译规范是不同的,不同的文化环境翻译规范也是不同的。但是,翻译法则是相对稳定的,通过观察翻译行为所总结出来的翻译规范具有更广泛的适用性,翻译法则相对稳定,并不会随着时间的变化而变化。翻译的规范性法则可以在不同的翻译规范下分类和形成,毕竟,规范性法则描述的是和翻译规范相一致的行为。切斯特曼依据译者的行为,还总结出了四条专门适用于译者的规范性法则:①专业译者倾向于遵守期望规范;②专业译者倾向于遵守责任规范;③专业译者倾向于遵守传意规范;④专业译者倾向于遵守关系规范。切斯特曼比较重视翻译规范在实践中所起到的作用,翻译规范可以用来解释译者的翻译决策、翻译作品的评价以及指导翻译教学和培训等,切斯特曼为翻译规范理论构建了一个较为系统的研究路径。

3. 赫曼斯的翻译规范研究

西奥·赫曼斯是英国伦敦大学学院荷兰语与比较文学系教授,是操纵学派的代表,其理论倡导描写性和系统性,重视翻译的功能和规范。其主要思想体现在《文学操纵》和《翻译研究体系:描述与系统理论解说》中。

(1) 规范的概述

赫曼斯对翻译规范的讨论没有系统性,而是分散于其著作《翻译研究体系》中的第六章,他在该书中对过去 30 年描述翻译研究和规范研究做了概述和评价,通过追溯描述和系统理论的起源与发展,比较了各家各派的异同与特点,提出了自己的见解。赫曼斯认为,规范的概念在描述翻译学研究中既是一种关键性概念,也是一种便利的工具,将规范引入翻译研究,涉及将翻译看作一种社会行为,在经验上有其根源。赫曼斯从列维(Levi)的"翻译作为一种决策过程"说起,他认为列维所关注的范围是两个极端,一是完全可预测的,比如,严格的语法范畴限制的决策;二是完全不可预测的,完全是无端的一次性的决策。这就使得翻译决策更加注重的是译者的力量和责任，列维的思想理论还是沿着结构主义的路线。

赫曼斯认为，图里在翻译过程中引入了规范的概念，并设计出对其进行识别和归类的特定方式，这种方式是以行为主义的方式进行的，当我们观察到规律以后，就会思考该怎样解释这样的行为。这就需要上升至社会文化的限制层面来解释翻译了，这些限制就是图里认为的规范，也被看作"行为指示"，规范是运转在能力和行为之间的一种中间状态。赫曼斯指出，在图里提出的标准分类中，最大的问题在于最初的规范中所提及的完全相反的选项，即"可接受性"和"合适性"。"合适"指的是在目的语与源语之间建立一种文本关系，然而，重构这种文本关系，归根结底过于理想化。确认语篇关系本身就是一种对文本进行某种特殊解读的社会化进程。另外，"可接受性"和"合适性"这两个概念都是模糊的。翻译标准应该在源语和目的语之间进行选择。

赫曼斯认为，切斯特曼的讨论涵盖了翻译的社会、伦理和技术规范，并将翻译规范分类为产品和过程规范，或者预期规范和职业规范，职业规范又分为责任规范、传意规范和关系规范。表面上看，所涵盖的范围要比图里的过程规范宽泛很多。但是，切斯特曼也提出了质疑，这些分类真的更进一步吗？责任规范、传意规范适合于任何形式的沟通，而关系规范又让我们回到了"什么是翻译"的思考。切斯特曼提出，要求的关系必须是"关联相似性"，这种要求其实就是预期规范的一部分，具备了读者对翻译的期望。在他看来，诺德（Christiane Nord）的分类更加清晰，诺德提到了构成性规范和规则性规范，前者决定了特定的文化社群所接受的何为翻译、对翻译的界定（与改编或其他形式的跨文化文本的版本相对），这些构成性规范合在一起就构成在特定文化社群所流行的翻译的一般概念，或者是翻译的使用者从文本中所期望的实际上被看作翻译。内嵌于构成性传统中的就是规则性规范，通常是管理在文本层面处理特定翻译问题的形式。诺德的分类略显简单，所包含的范围似乎也更为宽泛，某种程度上，切斯特曼的分类与诺德的分类是相似的，相较于图里的分类而言是进步了的，除了译者的视角外，带来了其他观察翻译的角度。

（2）规范的主要特征

切斯特曼认为，图里系统地强调突出了翻译规范的角色，但是，并没有进一步探究规范概念的理论方面，图里是从译者的角度来看待翻译的诸多问题的。与译者的意图相对将规范放在更大的语境中，会让我们确定其规则性的一面，以便平衡翻译机构的限制。规范概念本身就具有跨学科的性质，广泛应用于社会科学中。

切斯特曼对规范的定义颇具灵活性，在他看来，规范指的是行为中的规律性，既是一种反复出现的模式，也是解释这种规律性的潜在的机制。首先，规范具有样板的作用，对特定问题可以提供现成的解决方案。其次，规范也具有调节作用，可以调节个人与集体之间个人的意图、选择和行动，共同拥有的信仰、价值观和偏好之间的关系。再次，规范具有一定的约束力，规范暗示着一定程度上的社会和心理压力，通过排除特定的选择，作为行为的一种限制，在原则上是可以获得的。最后，规范不仅是行为的规律性，对个人产生特定程度的压力，还是一套偏向性选择的期待，又称作"期待的预期"。

（3）如何进行翻译规范研究

赫曼斯认为在文本中寻找规律性以及将阅读文本作为译者选择和决策的结果，并不能告诉我们为什么会做出这些决策。也正如图里所论述的，研究规范的重要依据仍然是文本本身，其次是副文本、元文本、额外的文本数据等。副文本是译者序、注释等，元文本是独立发表但是针对其他文本的文本，其中包括译者、编辑、出版商、读者和集体（如译者协会）所做的论述和评论，对翻译所做的评论和表扬，以及其他可接受的文件，理论和实际的评论。但是，赫曼斯认为翻译规范研究也并不止这些，可以从四个方面着手：①经典化案例和边界案例。经典化案例包括教科书中推荐的翻译作品，以及那些被重印、收入选集、授予奖励或者被挑选出来表扬的翻译作品，就有可能具备在特定的时间内被某一团体或组织认为是"合适"或者"正确"的翻译。边界案例指的是那些具有争议的翻译作品，通常凸显了翻译中的构成性传统，也被认为是区别翻译和相近的文本如改写、仿写和改编等的标准。②选择与排除。言语行为理论认为，一段话语的意义并不只是单词使用的语义问题，而是一种施为行为，特定的言语都是在特定的时刻、特定的场合做出的。选择一种文本进行翻译，实际选择的翻译行为模式和翻译所做出的回应，都在一定的背景下具备了重要的意义，聚焦于那些具有选择性或者刻意回避的，可以作为一种探究和启发式的工具，揭示其背后的宗教、哲学和教育的标准和意义。③基本态度。赫曼斯借用罗宾斯（Robyns）的观点，讨论了"他者"的文化和文本，认为接受者文化一般有四种态度：和睦态度，一种文化将另一种文化视作兼容,并不把翻译看作焦虑和警惕;补足态度,一种文化认为自己缺乏一些东西,并认为可以从其他文化中获得并引入;防御态度,一种文化因担心其身份会受到威胁,为防御引入而尽力限制其影响;帝国主义态度,一种文化只允许可以被归化的文化引入,并将自己的文化视作理所当然。④符码及注意点。翻译实践并不完全和理论上同步,总体上,越是频繁强调译者应该怎么做,往往他们越是有可能不这样,这也就是需要分辨清楚外部诗学和内部诗学。外部诗学是研究者基于文学评论等构建的观念,内部诗学是研究者基于最基本的文本试图弄清楚其原则,也就是翻译的本身。

赫曼斯对待翻译规范的研究视野也更加宽广,从社会系统理论的角度来看待翻译的规范,使之成为翻译研究的工具和元理论。他借鉴了社会学家尼克拉斯·卢曼(Nicholas Luhmann)和皮埃尔·布迪厄(Pierre Bourdieu)的核心概念,去探索不同层面又相互交叉的规则、规范和惯例,并且提出了价值、等级、权力关系等因素,并将翻译的规范研究引入了操纵学派理论的建构。

总之,作为描述翻译学中一个重要的概念,翻译规范也是在翻译实践的基础上,对翻译经验的一种总结,从西方翻译理论对规范的阐释中,我们可以看出两大特征:其一,将翻译规范理论研究纳入社会学领域,从关注语言文本转向关注社会关系,即从语言内转向语言外,无论是文化还是社会,都可以说是翻译研究领域的最大化跨越;其二,西方翻译规范的分类较为细致,内容不断地丰富,彼此之间也呈现出一定的逻辑关系,但是,也有一些规范的分类存在着重复之处,还有一些对规范的阐述不够透彻。比如,对伦理规范的讨论也仅限于译者的责任范畴,从更广阔的社会、文化背景影响谈及的较少,而且,对规范的分类也还存在不够系统和完整的缺憾,翻译规范研究不应该是无限扩散,而应该朝着综合、完整和系统的角度发展,这些缺憾同时也给我们对翻译规范研究提供了拓展的空间。

二、国内外当代翻译标准

(一)当代中国的翻译标准

随着西方文化、科学的传入,在中国涌现了一大批具备先进思想的翻译家。

严复可以说是其中的领军人物，他于 19 世纪末 20 世纪初，在《天演论》的序言中提出了相对全面的翻译标准，他认为在翻译的过程中有三件难事："信、达、雅"。严复的翻译标准主要是参照古代译者翻译佛经的经验和自身的翻译实践经验加以总结得到的相对全面的翻译观点。按照严复的阐述，"信"即忠实于原文，"达"即翻译的流畅，"雅"即译文的典雅。不过，长久以来，译者对于"信"和"达"多数抱有赞成的态度，但是对于"雅"的理解出现了很大的差异。很多译者指出，如果在非文学作品中，如在自然科学著作，抑或医学类工具书中也强调译文的典雅，则实在无法实现。如果硬要在这类文体中加入"雅"的文字表述倒有损其文体的正常表达。由于"雅"是将译作不仅当作翻译的文件，更是将其作为一件艺术品，从更高的角度去审视翻译的目的，因此"雅"是远远高过"信"和"达"的标准。但严复提出的"雅"，在大作家郭沫若的眼里，被指为脱离原文而片面追求译文本身的古雅，他认为在新文化运动不断深入发展的过程中，最终的结论是白话文取代了文言文，所以"雅"的标准也已经失去了其历史进步性。除此之外，还有学者认为严复的"信、达、雅"说，严重限制了翻译标准的研究视野，长期束缚了人们的思想。严复提出的"信、达、雅"虽然作为翻译标准被人们所认可，但最初严复并没有将"信、达、雅"明确地作为翻译标准提出，只是在后来的发展过程中"信、达、雅"竟"出乎意料"地作为非常重要的翻译标准被之后的译者拿来应用与讨论，并在翻译实践中起到了积极的指导作用。并且之后的译者对严复的"信、达、雅"也有全新的理解，他们认为"雅"已不再是严复所指的"尔雅"或在译文中用汉代以前的语言形式，而是要求译文更多地保存原作的风格。经过后世改良，严复的"信、达、雅"其意义已经发生了变化。但可以肯定的是，严复提出的翻译观点的确对后世产生了很大的影响。

民国时期随着翻译学理论的不断进步，翻译标准也变得更加丰富、多样。作为中国现代文学史上第一篇白话小说的作者，伟大的无产阶级文学家、思想家、评论家鲁迅先生对于翻译标准有着自己的认知，鲁迅提倡的翻译标准更倾向于直译，强调"宁信而不顺"的翻译标准。与之相对，梁实秋、赵景深等学者则信奉"宁顺而毋信"的翻译标准。以上两种观点相互对立存在。一个是主张译文即使不够通顺也要优先保证译文的可信；另一个则正好与之相反，提倡要在先保证译文通顺之后再考虑译文的可信。而这两种观点也正好体现了翻译标准中的著名课题——直译与意译。

众所周知，很长时间以来人们围绕着直译与意译进行了激烈地争论。直译指在语言条件许可下，在译文中不仅要传达原文的内容还应尽可能完整地保留原文的修辞风格及组句形式，转达原文意思时，使译文的表达形式和句法结构尽量同原文一致。意译与直译不同，意译是指根据原文的大意来翻译，不做逐字逐句的翻译。但不管是直译还是意译，作为翻译标准最为重要的原则之一就是程度的把握。很多译者在直译与意译争论的过程中，都出现了非左即右、过于偏执的翻译观点。这样也就有了过分讲究直译而变成死译和太过追求意译却沦为乱译或滥译的情况。

1922年，茅盾就在《"直译"与"死译"》一文中阐述了当时人们对于采用"直译"方法翻译的文章的两种感觉，一是看不懂，二是看起来比较吃力，但茅盾认为"直译"翻译的文章有可能因译者的翻译水平或源语国与目的语国之间的文化差异以及读者受教育程度等而出现看起来比较吃力的情况，但绝对不会出现看不懂的问题。他断定看不懂的译文是"死译"，不是"直译"。

对于意译与乱译、滥译的把握，鲁迅通过《关于翻译的通信》表达了他的观点，通过读者文化水平的提高和对译文背景的深入了解，有一天或许会懂得译文的意义，但是如果翻译的译文只是文章通顺而内容不可信，那么这样的译文会使读者迷失原文的本意，这样无论如何思考也不会了解原文的真实含义。鲁迅先生比较深刻地意识到如果过分地夸大意译在翻译标准中的比重，就会将翻译本身置于一种极度不客观，甚至是对读者有害的境地。但鲁迅先生只求信而不求顺，过于强调直译的翻译标准，在现在看来也是不够全面的。不过，他对于翻译标准不能只求顺不求信的观点，还是值得肯定的。

同时，坚持直译的鲁迅对于归化译也持批评态度，归化译是指尽量减少译文中的异国情调，为目的语读者提供更具有本土风貌和更符合本国文化习惯的译文。上文所说到的意译就是一种归化译。归化译的观点是将可能在翻译中出现的不能将真实意义准确表达的小到单词、大到文章的一个段落的译文，通过归化的方式在目的语中找到最接近的词或词组用以替换，替换的源语和目的语从表面上看所指向的事物大多并不相同，如 Adam's apple 译成中文为喉结，要是将其直译就会变成"亚当的苹果",对没有英文功底或没有接触过欧美文化的读者来说,如果将上述例子进行直译简直有一种不知所云之感。不难发现,归化译中译入的成分多半有一种意义上的隐匿性,即意义并非显而易见,而是与源语国的文化有关。虽然归化译有其存在的原因与必要性,但是鲁迅等学者认为,如果偏离了原文的内容与风格而随意发挥、编纂、杜撰,就会使"意译"变成胡译、乱译。即使想要盲目地追求直译,试图将原文逐词、逐句完全按照目的语的表面意思翻译出来,也要在目的语与源语的句法规律、句型结构相似(如英语与法语),原文本身意思比较清晰,两种语言词序一致的情况下,运用直译方法翻译文章,只有这样,文章才会比较通顺、易懂。否则,就难免会使译文生涩难懂、不够通顺流畅。但只需直译就能充分表达其含义的译作在翻译实践中虽然存在却并不多见。

直译和意译是两个相对的概念,但是在许多情况下,一个译本只有把直译和意译有机地结合起来,才能使译文更精确。因此,在翻译过程中,甚至一个句子的翻译都必须采用直译和意译相结合的方法,可以说直译和意译在定义上没有明确的界限。朱光潜先生曾经指出,一部作品的翻译是否准确、流畅,都离不开直译和意译的使用。因此,要翻译出一部好作品,既要有直译又要有意译,优秀的翻译作品是二者有机融合的结果。

郭沫若先生则主张风韵译,他认为翻译应从译文的美学角度出发,并且认为翻译不仅要通达和雅致,而且要具备形式美。在之前的翻译理论研究中鲜少有译者就译文的形式美和"风韵"等美学要素发表见解,而自郭沫若提出翻译与美学相结合的翻译标准以来,更多的译者开始关注译作与美学的关联。可以说郭沫若提出的翻译标准在中国翻译标准的理论研究过程中起到了连接性的作用,也和之后傅雷、钱钟书的翻译观有相通之处,而傅雷和钱钟书的翻译观多少受到郭沫若风韵译的启示。所以郭沫若提出风韵译的翻译标准对于中国翻译理论界有着承上启下的关键作用。

著名翻译家傅雷提出"重神似而不重形似"的翻译观点。傅雷认为即使如英、法或英、德这样极其相近的语言亦不可完全"复制",更何况是如英、汉这样不论语言结构抑或使用国的文化背景都不尽相同的语言,它们之间的互译更是难上加难。而如英、汉一样几乎没有任何共性的语言,在以世界为载体的广阔平台上可谓比比皆是,数不胜数。因此想要完整无误地翻译一篇译作,从客观的角度来看基本上是不可能的。所以如果一定要死抓字典，硬要按照原文句法勉强拼凑堆砌地将译文翻译出来，那么这样的译作绝对称不上佳作。并且傅雷对翻译有其特有的认识，即翻译一篇文章和伯乐相马一样，都需要取其精华，去其糟粕。在翻译时译者只能尽量地缩短译文和原文的差距，尽量做到贴近原文的神韵。但这个过程不能急功近利地苛求，否则就不免过或不及。这就是傅雷的翻译标准——"神似"说。这种翻译标准使译者在翻译的过程中更多地发挥自己本身的文学功力，给予译者更大的空间，不再只拘泥于原作的字词、句法。他的翻译标准更多是追求如何更加完整地表达文学作品的更深层次——原文作者在创作作品时的真正意图。1951年傅雷先生提出的"神似"说，较之先前的翻译标准可以说更加完善、更为优越。他认为译作如果只是内容上与原作达到一致，那也只能算翻译的最低标准，而译文只有在形式、内容与精神层面均与原作达到一致，才能称为达到最高标准。傅雷先生认为翻译与临摹画作相似，重点不在形似而是神似。傅雷先生的翻译标准的确弥补了之前直译与意译中的不足，但是想要真正去实现傅雷先生所说的"神似"也是基本不可能的。并且傅雷先生的"神似"说从一开始就建立在更偏重意译的基础上，所以其翻译标准在完整地保持译作与原文形式的一致性上必定存在一些困难。

　　1964年在《林纾的翻译》一文中，钱钟书先生提出了"化境"的翻译标准。他认为翻译文学作品最重要的，也是最高标准就是一个"化"字。即在将源语的文学作品翻译为目的语的文学作品时既不会给人以一种生拉硬拽的牵强感也不会因过大的语言习惯差异而无法保留源语作品原有的风韵。众所周知，钱钟书先生是学贯中西，中国文坛少见的大文豪，他所提出的翻译标准其程度之高也可想而知。与之前提到的傅雷先生"神似"的翻译标准相比，钱钟书先生"化境"的翻译标准可能更加无法实现，傅雷先生提到的"神似"说更多的是强调翻译中对原文的中心思想、精神理念在译作中的完美展现，而钱钟书先生的"化境"说要求除文字的形式是不同的之外，其他所有方面都要达到一致。这样的翻译标准可以说是翻译中最理想化的标准，也是每位译者一直努力的目标，是翻译的最高境界。并且钱钟书先生的"化境"说，在一般文学作品的翻译中已经很难做到，如果用来作为诗歌翻译的翻译标准，那基本上可以说是永远无法完成的任务。所以很多人认为钱钟书先生的"化境"说只是对于翻译标准的一种理想化的倡导，并无现实的指导意义。随着中国翻译事业的蓬勃发展，涌现了大批的翻译学者和多样的翻译标准，其中有代表性的有许渊冲提出的"三美论"，即"意美、音美、形美"，刘重德提出的"信、达、切"。除此之外，还有很多的学者在研究翻译标准的过程中，采用将多种科学理论相结合的方式，从多种角度对翻译标准进行研究论证，从而使翻译标准的研究更具科学性、客观性，开阔了翻译标准的研究视野。如范守义运用模糊数学的理论对翻译标准进行定量分析；穆雷运用模糊统计法通过实验从理论上探讨翻译标准中如何确定隶属度的问题；罗民选先生将话语语言学的原则和方法运用于翻译研究，提出了话语层面上的翻译标准；陈宏薇引入语言的功能概念，提出了"意义相符，功能相似"的翻译标准；庄夫则从翻译标准的历史及现状的总结中提出了"信、顺、传神"的翻译标准。

到20世纪90年代，辜正坤先生提出了更加合理的翻译标准。辜正坤先生提出的翻译标准并不像某些学者，只单一地认定某种翻译标准是最优解即最佳标准，也没有如之前的翻译工作者提出的翻译标准那样过于单一、极端，给人非左即右的感觉。辜先生的翻译标准是更加科学化、客观化的翻译标准。他摒弃了长久以来，学者在研究同类问题上所采用的非此即彼的思维方式，而是博采众家之长，并结合自己在翻译实践工作中真实遇到的具体情况，对翻译标准做出科学性的诠释，提出了即使到今天也值得翻译界推广的理论——翻译标准多元互补论。他认为提出翻译标准时应该保持一种全面、客观、包容的态度，之前的翻译学者大都容易走入在单一部分十分深刻，但从全局的角度又不够客观的状态，在研究翻译标准的过程中缺乏全面、客观、公正、包容的思想。之前的各种翻译标准，不论最初的"文、质"之争中的翻译标准，还是直译法、意译法，抑或严复的"信、达、雅"，郭沫若的"风韵"译，傅雷的"神似"说，钱钟书的"化境"说，无不体现着提出翻译标准的学者自身的文化素养和其所在大环境的客观需要及当时时代的不同诉求，所以这些观念虽然不乏相互对立的情况，但它们都有其合理和值得肯定的地方。虽然这些翻译标准也都各有不足之处，但各个翻译标准的客观性、合理性是不可忽视的。并且在翻译实践中，以上的翻译标准都可以在各种具体的翻译中有所侧重地应用，它们都是合理的存在。

辜正坤对以往的标准持肯定、包容的态度，认为每个人的标准都不一样，这与译者的个人差异有一定的关系。当然，这种差别也会影响翻译的价值评估过程中对译文的认可程度。因此,从客观的观点来看,翻译是不可能有绝对的、唯一的标准的。辜正坤也主张,不同的翻译标准是相互补充的,它们相互包容、互为补充,方能充分发挥其优点,从而翻译出更多优秀作品。

事实上,辜正坤的翻译准则并没有为译者提供一套可以参考的翻译准则,它更多的是为译者提供了一种客观、科学的译文视角。以便译者在不同的环境下,根据不同的情况,采用不同的译法,使译文得到最佳的解释。

辜正坤先生还认为之前的各种翻译标准都没有绝对正确和绝对错误之分,翻译译作时由于外部情况的改变(如时间、地点)抑或主体视角的差异,观察者角度、层次、目的的不同,会出现对翻译标准的不同倾向与选择。所以单一的翻译标准是不适用于现实中多种不同文体的翻译活动的,就像每个翻译标准都有促使其生长的土壤,但或许离开了它的土壤,它所能起到的作用就会大大减弱。

(二)当代西方的翻译标准

西方翻译理论取得突破性进展的时期是20世纪五六十年代。在这一时期,西方翻译理论在语言学基础上同步发展。1959年,俄国语言学家雅可布逊(Jacobs)在《论翻译的语言问题》一书中提出"翻译等值"的概念。但由于这个概念是复杂而模糊的,它的出现使翻译界为其展开了一系列争论。如英国翻译理论家卡特福德(Cafford)认为,在翻译的等值研究中起决定性作用的是话语交际功能的一致性,即在合乎原文情景的情况下,用目的语词汇替代源语词汇,从而符合等值的原则。他坚持翻译等值的唯一标准是与实物情景相一致的语义学标准。而最著名的"翻译等值"理论就是奈达(Nida)的"动态对等"理论。他的研究是从翻译的最终目的的角度出发,他认为在源语文章翻译为目的语译文后,源语读者与目的语读者,对于作者在文章中所要传达的思想,其理解是一致的,也就是源语读者与目的语读者的阅读反应相同。奈达认为这样的翻译"动态对等"理论,突破了单单从语义角度研究等值问题的局限性,他对于翻译等值问题的探讨,更偏重于对翻译质量的重视,他要求翻译的译义应从意思、内容、感情等多方面,达到目的语读者如源语读者一样对全部信息的完整感受。并且奈达在研究翻译等值时在语义学的基础上还运用了语用学的内容。除如卡特福德和奈达这样从宏观的角度对翻译的等值进行研究的翻译学家之外,翻译理论家科勒(Werner Koller)

认为对于翻译等值问题的研究应该进行细化的分类，只有根据不同的种类进行有针对性的研究，才能使翻译等值的研究拥有实际意义。他将翻译等值的类型大致分为：所指等值、内涵等值、修饰等值、交际等值和形式等值五种。他认为研究翻译等值概念的作用是规范翻译标准。翻译等值概念并不是单纯的描述性的概念。研究翻译等值问题的目的是更好地将其运用于翻译实践中。翻译学家彼得·纽马克（Peter Newmark）则并不认可上述学者对翻译等值问题的研究，他认为之所以人们对翻译等值问题如此热衷，主要是想借此取代之前比较单一的"忠实、确切"的翻译要求。但翻译等值之类的论题太过理想化，并不实际，随机性太强，并且在实践中根本无法达到如理论中所期望的极高的翻译水准。

在此之后，西方的学者将西方的翻译标准进行归纳总结并加以分类。

第一，以文本为中心的翻译标准，西方翻译理论中以泰特勒的"翻译三原则"和费道罗夫、卡特福德以及巴尔胡达罗等人提出的"等值"为代表。他们关注的是译文与原文之间的关系。即译文不仅要忠实原文的内容，还应符合目的语的语言规范。此类翻译标准反映的是语言转换中形式与内容两者对立统一的辩证关系。

第二，以读者为中心的翻译标准，这类标准是在衡量译文优劣时，以读者对译文的理解和接受程度为主要评价参数，以等效原则为其典型代表。即译者所关注的并不是源语信息与目的语信息在形式与内容上的一一对应关系，而是一种动态对应，即目的语接受者与译文信息之间的关系应该与源语接受者和原文信息之间的关系基本相同。因此，在这种翻译标准下判断译文优劣的标准不再是形式和内容上的对应，而是读者对译文的反应是否等值。奈达是这一理论的提出者和代表人物。

第三，以译者为中心的翻译标准则以诺德提出的"功能加忠诚"原则为代表。与文本为中心的翻译标准和读者为中心的翻译标准不同的是以译者为中心的翻译标准突出译者的主观能动性，赋予译者更大的自由，译者可以根据翻译目的、译文预期功能以及读者对象等语境因素来决定原文中的哪些内容或成分可以保留、哪些需要进行调整和改写。

三、商务英语翻译标准

(一)"信、达、雅"

1. "信"

"信"主要是指忠实于原作的内容。译者必须把原作的内容完整而准确地表达出来,不得有任何篡改、歪曲、遗漏。本质上讲,"信"要求译者首先要完全读懂原文,这是最基本的要求。

2. "达"

在做到了"信"这一步之后,就是"达"。"达"主要是指语言通顺易懂、符合规范。译文没有逐词死译、硬译的现象;没有语言晦涩、拗口的现象;没有文理不通、结构混乱、逻辑不清的现象。

3. "雅"

"信""达""雅"三个标准,从易到难,而"雅"就是翻译的最高要求和最高境界。"雅",就是要使译文流畅、有文采。译文的好坏取决于译者对于英语原文的理解程度以及汉语的修养水平。

(二)"直译"与"意译"

1. 直译

直译就是在译文语言条件许可时,在译文中既保持原文的内容,又保持原文的形式。

2. 意译

汉语和英语分别属于不同的语系,两者在词汇、句法结构和表达方法上有很多的差异。当原文的思想内容与译文的表达形式有矛盾,不宜采用直译的方法处理时,就应采用意译法。意译就是不拘泥于原文的形式,重点在于正确表达原文的内容。例如,"Do you see any green in my eyes?"这样的句子,只能采取意译的方法,把它翻译为"你以为我是好欺骗的吗?"

(三)翻译的"三原则"

18世纪末的英国学者亚历山大·泰特勒在《论翻译的原则》一书中提出了著名的翻译三原则:

①译文应完全复写出原作的思想。
②译文的风格和笔调应与原文的性质相同。
③译文应和原作同样流畅。

泰特勒在 100 多年前提出的翻译原则，主要针对文艺翻译尤其是诗歌的翻译，但他的原则广义地说适用于所有文体的翻译，他强调原文读者和译文读者的反应应该一致，这对于商务英语翻译也是非常重要的。例如，成功的商务信函翻译既要准确无误地传达相关信息，又要让信函接受者像信函发起者所期待的那样去做出反应。

（四）"功能对等"

"功能对等"翻译标准是由美国著名翻译理论家尤金·奈达（Eugene A·Nida）博士提出的。在众多的国外翻译家中，奈达的翻译理论可以说对我国的影响最大。

他认为，翻译的预期目的主要是原文与译文在信息内容、说话方式、文体、风格、语言、文化、社会因素诸方面达到对等。

奈达的翻译标准对国际商务英语的翻译具有重要的指导意义。因为不管原文属于什么文体，关键是信息（语义信息和风格信息）的对等。

（五）"语义翻译"与"交际翻译"标准

1. 原文与译文语义信息的对等

语义信息是基础。没有语义信息就没有风格信息或文化信息，因为风格信息和文化信息必须通过语言的基本含义表现出来。语言是信息的载体，语言若没有传递信息，风格信息和文化信息就无从谈起。语义信息包括表层语义信息和深层语义信息。表层语义信息指的是话语或语篇的字面意思。

深层语义信息指的是表层结构语言所蕴含的意思，换言之，是"字里行间"的意思，这种意思要通过上下文的理解揣测出来。要了解深层语义信息，译者必须运用他对原语的社会、历史、文化、艺术等方面的知识能力，去感受、体会和挖掘原文所蕴含的深层结构的信息。

2. 原文与译文风格信息的对等

"风格"实际上是指不同的文体。风格信息是作为信息的传递载体——语言——所传递的信息之一。风格信息的传递在翻译中不可忽视，翻译中若忽略了原文的风格信息，不仅会使译文信息大量流失，而且会使译文显得不得体。国际商务英语涉及不同文体的语言形式，如公文、法律、广告等。所以，翻译者必须重视不同风格信息的传递。

3. 原文与译文文化信息的对等

虽然生活条件、环境等因素存在一定差异，但人类的生存需求与思维模式具有相似性，因此，在翻译过程中，文化信息的对等成为可能。由于各国的文化背景存在着诸多差异，因此，英语翻译工作者必须认识到这种差异，并采取适当的方式来实现文化上的等值。

第三节　翻译原则

一、忠实原则

在商务英语翻译中，译文对原文的忠实，是要求译者能够准确地将对方原文的信息表达出来。相比于翻译的形式或美感而言，意译更为重要。假设翻译人员的英语水平有限，无法使翻译结果达到"信达雅"的目标时，则应该避免苛求语法与句子结构的一致性，将翻译工作重点转移到追求信息的对等上来。假设翻译内容涉及专业知识、商贸合同等领域的商务题材文章，译文则应从措辞、结构及行文方式等方面忠实于原文开展翻译。

二、礼貌原则

商务英语的翻译需要尽量遵循礼貌原则，这也是普通英语翻译与商务英语翻译的最大区别之一。尤其在进行跨境贸易商务谈判、交际时，翻译人员需要将翻译内容尽量融合表扬、同情、赞同，以及谦和等具体情绪，通过激发对方的好感强化跨境贸易双方的合作关系。礼貌原则下的商务英语翻译，要求翻译人员灵活、快速选择直接表达或委婉表达翻译结果，尤其当跨境贸易双方开展激烈的贸易谈判时，翻译人员可以在礼貌原则下，从情感角度出发，使翻译结果尽量委婉、缓和，保证贸易谈判顺利、融洽进行。

三、准确原则

准确原则是商务英语翻译的基础原则，在翻译的过程中需要翻译人员能够较为精准地传达双方的意图，或者是商务文本的信息，确保合作双方能够通过翻译获得与原文或者对方语言内涵相同的信息，实现信息等值。因此，在翻译的过程中，需要谨慎使用容易造成混淆的词语，根据翻译需求选择相应的词语。此外，为了进一步提升翻译的准确性，在翻译的过程中，翻译人员还需要将原文与译文的含义进行对比，确保所选择的词汇含义准确、词法正确，能够较为准确地传达原文的含义。

四、专业原则

商务英语翻译与一般英语翻译最大的不同在于专业要求不同，针对不同的商业活动，需要使用与之对应的词汇以及翻译技巧，确保能够通过翻译使读者获得较为专业的信息，从而帮助读者判断商业信息。专业原则是商务英语翻译比较重要的一种原则，需要翻译人员能够全面了解与专业领域相关的词汇，在翻译的过程中灵活、合理地应用专业术语，提高翻译的专业性。

五、循例原则

循例原则是商务英语翻译经常应用的一种原则，在一些较为典型的商务场合以及商务文件的翻译中，应用循例原则能够进一步提升翻译效率，并保证翻译的规范性。在长期的商务英语翻译实践中，已经形成一些约定俗成的翻译要求以及翻译规范，这些要求以及规范通过实践已经验证了其自身的有效性以及准确性，在这种情况下，就不需要翻译人员另行创新，能够有效避免因翻译规范性不足导致的错误。因此，在商务英语翻译的过程中，翻译人员需要掌握一些商务领域通用的机构名称以及术语，应用约定俗成的翻译方法，同时还需要对相关的词汇以及文献进行检索验证，确保翻译结果的统一性。

六、文化差异原则

商务英语翻译应遵循基本的文化差异原则，在实际的口译、笔译过程中，尤其需要注重口译环节，如商务交际、商务谈判等交流双方彼此文化理念的差异，通过合理的翻译有效规避因文化差异带来的沟通障碍或误会。以文化差异原则为基础，在实际对外贸易英语翻译过程中，翻译人员应充分了解不同合作企业所属地区的价值观念、宗教信仰及合作方式等，在翻译环节增强贸易双方的沟通效率，优化沟通氛围。

第四节　翻译策略

一、异化翻译策略

异化翻译策略主张靠近作者，以作者为中心，引导读者靠近作者。异化翻译策略能更好地保留原著的文化内涵和风格，保留原汁原味的异域风情，最大限度地维持原著的丰姿。异化翻译策略下的翻译方法主要有音译法、音译加注释法、直译法、直译加注释法、表意同位语加音译（加注释）、增译法等。

（一）音译法

音译法是指根据源语事物的发音来进行翻译的方法，在翻译过程中，根据事物的汉语名称发音，直接用发音相似的目的语将其翻译过来，以达到与汉语发音相近的效果。音译法保留了汉语的语音特征，促进了汉语与文化的传播，存续了浓郁的文化风情与特色。该方法多用于中国人名、地名等专有名词的翻译。

（二）音译加注释法

音译加注释法是在音译法的基础上增加注释，对原文的语言文化信息进行一定的阐释、说明。这种方法的好处是，它既保留了源语言的发音特色，又可以让国外读者了解原文所包含的深层意义和背景知识，可以最大限度地将信息传递给读者，是外译文化负载词行之有效的一种方法。

（三）直译法

直译法即直接翻译，也就是直接按照原文的字面意思进行翻译，将其含义直接、全面地传递出来，忠于原文的内容、形式与风格，能够很好地保留源语的异域风情，存续源语的语言文化特色。值得注意的是，直译在语言形式的处理上，允许适当的变化与转换（如语序转换），以使译文符合目的语词汇、句法规范。直译是异化翻译策略下最常用的翻译方法之一。

直译法能让读者体会源语的风采，最大限度地传递原文的词汇意义与修辞特色。同时能够促进目的语读者接受源语文化，突破本国文化的限制和束缚，开阔视野，增进读者对源语文化的理解，有效地丰富目的语的语言文化，有利于双方语言与文化的发展。

（四）直译加注释法

直译法虽然有很多优点，但有时不能全面、准确地传递源语的文化信息，这会使读者接受不到对等的信息，从而造成阅读障碍。因此，在此种情况下，直译加注释法不失为一种好的翻译方法，也就是译者通过增加注释说明源语的文化内涵，让读者更加明了。直译加注释法能够准确全面地向读者传递文化信息，了解源语国家的传统文化。

（五）表意同位语加音译（加注释）

表意同位语加音译（加注释）这一翻译方法常应用于山川湖泊、城镇的翻译。与单纯的音译方法相比，增加了表意的同位语，如江河湖海等，点明了词汇的属性特征。如果词汇的文化信息是读者比较熟知的，则无须添加注释说明；相反，则需要增加注释，帮助读者更好地理解词汇的文化背景知识。

（六）增译法

在许多汉语表达中，往往会省略连接词，而英语是注重形式的语言，在汉译英时，需要增加连接词。连接词的功能是使一个段落更紧凑，强调这些句子与句子之间关系的重要性。汉语中很容易找到没有连接词的例子，其特点是意合性强，结构简单，有的句子中没有主句和主语，较少使用连词或形式的连接手段。英语句型以形合为特征，各种形式的连词和从句极为常见，主要集中在明显的连接词、句式和结构完整性上。应特别注意这两种语言之间的区别。尤其是在进行汉英翻译时，译者需要考虑小句之间的潜在关系，用适当的连词来完成句子。而用增译法增加连接词的翻译，也符合翻译目的论的连贯原则。

英译汉中使用增译法就是增加一些原文中无其形而有其意的词、词组、分句或整句，译文在语法、结构和表达等方面完整，符合汉语的表达习惯，使得译文与原文在内容上、形式上和精神上都对等。为了能更忠实而准确地传达原文的信息内容，译者在翻译时，需要增补出原文中省略的部分，以确保译文表达准确。

综上所述，异化翻译策略指导下的翻译方法有音译法、音译加注释法、直译法、直译加注释法、表意同位语加音译（加注释）、增译法等。这些具体的翻译方法应用的翻译对象各不相同，也各有利弊，但在实际的翻译过程中，如何做到最优选择是对译者水平的考验。总之，异化策略指导下的翻译方法可以保留原文的文化元素，有利于源语文化的传播，同时也在一定程度上丰富了译语语言，促进了文化的交流与融合。

二、归化翻译策略

归化翻译策略主张靠近读者，以读者为中心，把读者的阅读体验放在第一位。归化翻译策略能够有效减少目的语读者对原文的陌生感，要求译文通顺，符合目的语读者的语言习惯，有利于目的语读者接受原著内容，可以给读者带来良好的阅读体验。归化翻译策略指导下的翻译方法主要有省略法、简化法、替代法、意译法、意译加注释法等。

（一）省略法

省略法即根据译文需要，以及译入语读者的风俗习惯，惯用表达，句式结构，省略一些不必要的词汇，包括虚词、无用词等，汉语表达往往用重复来起强调作用，但翻译成英文时，常常会结合英文忌重复的特点，把意思重复的词省去不译，以避免译文累赘。但是并不能随意省略，不能改变原文表达的意义。省略法的作用有以下两点：首先，揭示原文面貌，简洁再现原文意义。汉语中会运用许多修辞手法，如用排比增强文章气势，用比喻使文风华丽优美，而有的翻译材料是对历史文化的翻译，并不要求语篇的华美，而是讲究忠诚，严谨规范，语言简单明了，符合翻译目的论的忠诚原则。其次，避免语句拖拉无重点。汉语经常会出现同义词叠放在一起做成语的现象，也会出现一些偏正结构的现象，省译法对重复的词语进行省略，很大程度上避免了文章意义重复。

省略法大多是以避免译文累赘为目的，在句法和语法上进行调整，以求译文更加流畅通顺。而在外国学者的研究中，不仅会为了追求译文的流畅进行省译或减译，还会根据翻译时的具体情况对原文信息进行省译或减译。比如，一些常识性的知识会影响读者的观感。

（二）简化法

简化法是指在翻译过程中，将复杂的原文内容用简单的词汇或表达方式进行概括翻译。这种翻译方法能够化繁为简，将原文的主要意义进行概括，避免译文过于烦琐，更有利于读者掌握原文的核心精髓，使读者减轻阅读负担，提高阅读速度，获得良好的阅读体验。

（三）替代法

替代法是指用目的语中意义相近的词汇或表达方式实现源语内容的替代。替代法可以使读者更好地接受、理解原文内容，大大提高了读者的阅读速度，同时可以带来较好的阅读体验。

（四）意译法

意译法是归化翻译策略指导下译者广泛使用的翻译方法。意译是指用目的语语言中功能与原文相同或相似的表达方式，来代替原著中因两种语言不同而无法保留的内容与形式之间的相互关系，尽量保留原作内容而且与原作风格相适应。

由于中西方国家在自然生态环境、宗教信仰、历史发展进程以及民族思维方式等方面存在着较大差异，英汉语言在词汇、语法、修辞表达等方面也存在很大的区别。因此，当汉语原文的含义较为复杂、抽象，很难使用异化策略的翻译方法时，译者可以考虑采取意译法，重在向读者传递原文内容，而忽略原文的形式传递。

（五）意译加注释法

意译法可以很好地向读者传递原文信息，帮助读者更好更快地理解原文的文化内涵，加快读者的阅读速度。但意译法在一定程度上会使源语内容深层的文化因素丢失，不利于增进读者对其历史背景和渊源的深刻认识。在此情况下，译者需借助注释来弥补意译法引起的文化元素丧失的现象。

总之，归化翻译策略是中国文学作品外译时经常使用的、行之有效的翻译策略之一。归化翻译策略指导下的翻译方法可以使译文最大限度地靠近读者，减少原文文本带来的陌生感，利于读者理解原文本，提高阅读速度，减轻阅读负担，可以有效提升读者的阅读兴趣。

第三章　多元文化视域下的商务英语语言特点

在当今国际市场中，企业想占据一席之地，就必须能够熟练地运用商务英语。因此在多元文化视域下我国须开展对商务英语特点的研究，提升对各领域、各专业商务英语的掌握程度，了解商务英语的语言特点，避免出现由于语言不同企业丧失交流机会的问题出现，这对于帮助企业实现可持续发展的战略目标具有十分重要的现实意义。本章分为多元文化视域下的商务英语词汇、多元文化视域下的商务英语句法、多元文化视域下的商务英语修辞三个部分，主要包括多元文化视域下的商务英语词汇的特征、多元文化视域下的商务英语句法的特征、多元文化视域下的商务英语修辞的特征等内容。

第一节　多元文化视域下的商务英语词汇

一、商务英语词汇的特征

（一）多义性

多元文化视域下的商务英语词汇具有多义性的特点。商务英语词汇一词多义现象较多，同一词汇在不同的语境下商务意义不同。例如，principle 在 principle and interest 中表"本金"，在 principle and agent 中表"委托人"，credit 可以表示的含义有"信贷，赊购""结余""退款"等。这些多义词的不同含义之间有时意义引申过程较为明显，而有时似乎没有任何联系。例如，commission 一词可表示"佣金，回扣"，还可表示"手续费（银行）"，这两个含义都指的是由于提供服务而收取的报酬。除这两个含义外，commission 还可表示"委员会"，与前两个含义之间似乎毫无关联。

(二) 复合词、派生词较多

多元文化视域下的商务英语词汇具有复合词、派生词较多的特点。为了语言表达的简练，商务活动中产生了不少缩略语、复合词和派生词。随着社会的快速发展，也在不断出现各种新的商务英语词汇，这些词汇大多是复合词，由两个或两个以上的词结合构成，例如，digicash 电子现金，cybermarketing 网络化营销，online shopping 网上购物。许多商务词汇由普通词汇复合而成，有些复合词由所构成的单词很容易猜到词义，例如，online shopping，通过这两个单词的含义很容易就能理解复合词含义。而有些复合词的含义与所构成的单词的含义相差巨大，例如，sight draft 在商务英语中是"即期信用证"的意思，counter-offer 意为"还盘"，如果不具备专业知识，就很难正确理解这些复合词的商务含义。

(三) 术语性

多元文化视域下的商务英语词汇具有术语性的特点。商务英语的术语性体现在不同的领域，均有属于各领域专门的专业术语，即指在某个学科、专业当中应用的专业词汇，且该词汇通常不会在其他学科或专业中使用。商务英语存在术语性特点的原因是各行业本身具备该行业独用的词汇，例如，在营销行业当中，存在市场份额、市场操作等专业词汇，在金融行业中存在外汇市场、浮动汇率等专业词汇，在国家贸易行业中存在进口配额、离岸价等专业词汇。而在现代商场商业当中，若想良好的使用商务英语，也必须利用商务英语将上述词汇翻译出来，从而形成如今的商场商业英语术语。例如，在营销行业当中，市场份额的商务英语用"market share"表示，在金融行业中，外汇市场的商务英语用"foreign exchange marker"表示，而在国家贸易行业中，进口配额的商业英语用"import quota"来表示。

(四) 简洁性

多元文化视域下的商务英语词汇具有简洁性的特点。换言之，用最精准的语句表达信息是现代商务英语最普遍的特点之一，使商务英语能够在商场中得到良好的应用。商务英语词汇是经过多次提炼后产生的专业性词汇，在提炼的过程中，既需要保证信息能够准确地传递与表达，同时需要避免含义上的模糊不清，故而需要精简提炼信息内容，剔除冗余、重复的信息内容，并利用几个英语单词组成能够表达出信息的专业英语。同时，需要保证不会减少原信息的含义，并需要保证信息接收者能够理解信息的含义。例如，documents 的汉译为文件、文档，against 的汉译为依附、依靠，payment 的汉译为支付的意思，而在商务英语当中，用 documents against payment 表示付款交单，backlog 的汉译为积压、积存，order 的汉译为订单、购买的商品，而用 Back log of order 表示尚未交付的订单。此外，伴随着商务英语在现代商场中的推广与发展，为了更进一步地展现商务英语的简洁性，提升商务英语的实用性，提升商务英语的应用便捷性，在部分领域将一些常用的、普遍的商务英语进行进一步的缩写，主要的缩写方式是提取商务英语词汇的主要单词的首字母，例如，付款交单 documents against payment 的缩写为 D/P、修改书 amendment 的缩写为 AM。同时，还有一些拼缀词，拼缀词就是提取商务英语中主要单词的前缀替代商务英语的表达形式，例如，"会议纪要"的商务英语表达形式为"memorandum conversation"，其拼缀词表示为"memo-con"。

（五）灵活性

多元文化视域下的商务英语词汇具有灵活性的特点。总体而言，在实际使用商务英语时，很多商务英语词汇原本的含义将会被赋予新的含义并被使用，而通常情况下，这些被赋予新含义的词汇具有较强的灵活性。例如，"cover"的汉译通常为"封皮、封盖"，而在商务英语当中，其被赋予了保障的意思，该词汇被赋予的新含义通常应用于保险行业相关的事业中。"maturation"的汉译通常为"成熟"，但在金融领域当中，其被赋予了"到期"的含义。同时，伴随着近年来诸多新型产业的发展，商场的商务英语也需要进行创新，在新型产业涌入商场的过程中，也出现了诸多行业相关的词语。例如，电子货币的应用在世界范围内得到了快速的推广，而伴随着电子商务的发展，在现代商场中也针对电子商务创造了新的商务英语，例如，电子支付的商务英语表示为"eyber-payment"，电子现金的商务英语表示为"e-cash"，电子货币的商务英语表示为"e-money"。此外，在商务英语当中，部分词汇存在一词多义的现象，如前面所述，即同一个单词存在多种含义，若想切实掌握商务英语词汇的应用含义，需要掌握商务英语词汇的基础含义，并在进行商务英语的翻译时，根据上下文的含义及语境考虑商务英语词汇的含义，进而能够精准地翻译出商务英语所要表达的信息。

（六）书面性

多元文化视域下的商务英语词汇具有书面性的特点。如前面所述，商务英语主要应用于商场当中，且通常情况下应用于较为正式的场合，例如，会议、约谈等，故其本身便具有较为正式的特点。在实际的现代商场中，商务英语不仅会在口语交流中使用，在文件、合同中也需要使用商务英语，通常情况下将此部分商务英语称为商务文体。为更进一步体现商场的发展特点，商务文体也需要具备一定的正式性，在合同、条约、公函等重要文本当中，需要避免使用较为口语化的词语。例如："以……为目的"的口语化表示方法为"with the aim of"，而在商务英语的文本当中，需要使用"with a view to"；"为……的目的"的口语化表示为"for"，而在商务英语的文本当中需要使用"for the purpose of"表示；"关于"的口语化表示通常为"concerning"，而在商务英语的文本当中需要使用"with respect to"来表示。

由此可见，商务英语的文本表示更具备严肃、庄重的特点，其不会使用口语化的词汇，而是需要使用一些表意清晰、准确的词汇精准定位含义，使用冷僻词语代替日常常用词语，这就使商务英语更具有书面性的特点。例如，"任何一方破产或无力偿还债务协议应自动终止"的口语表述方式应为"The Agreement shall automatically end up on the bankruptcy or in solvency of either of the parties here to"，而在使用商务英语表达时应做如下表述"The Agreement shall automatically terminate upon the bankruptcy or insolvency of either of the parties here to"。其中，"终止"的口语化表达方式为"end"，而在商务英语中，需要利用"terminate"替代"end"，以表示商务英语的严谨性。此外，商务英语中含有大量的专业词汇，如前面所述，不同专业均具备独特的商务英语词汇，且在商务英语应用的过程中不允许带有任何的感情色彩，也不允许使用语气词。同时，在商务英语中还保留了大量的古英语词汇，这些古英语词汇能够充分体现出商务英语的严肃性，且在文件、公函等重要书面表述场合普遍选择使用古英语词汇代替日常用语词汇。例如，在商务应用当中，会利用"where upon"表示"因此"，利用"here in"表示"此中"。

二、商务英语词汇与普通英语词汇的联系

纵观国内外学者对商务英语词汇的研究，可以发现一个重要的研究途径，就是将商务英语词汇与普通英语词汇进行比较。对这些比较研究进行分析，发现从词汇意义上来看，商务英语词汇和普通词汇既有区别也有联系。商务英语作为一种英语变体，大部分的词汇都是由普通英语词汇构成，只是这些普通英语词汇在商务语境中的意义发生了变化。有些普通英语词汇也经常作为商务英语词汇使用，例如，trade、loan、percentage 等，这些词汇意义易懂。另有一些商务英语词汇由普通英语词汇复合而来，意义可以根据普通英语词汇推断出来，例如，down market、bran dim-age、up market 等。

还有许多普通英语词汇在商务语境中具备了特殊的商务含义，如果不具备相关的专业知识，很难正确理解其含义。例如，sight draft 在商务英语中是"即期信用证"的意思，counter-offer 意为"还盘"，insurance policy 意为"保险单"，在商务英语中如果以普通词汇的意义理解是理解不通的。例如，honor 意为"兑现、承付"，dishonor 意为"退票、拒付"，均与其普遍含义相差甚远。

（一）词汇频率

随着语料库在语言学研究的广泛应用，国内外也有很多学者用语料库研究商务英语的词汇特征。以语料库为研究工具的商务英语词汇研究主要聚焦于词汇频率和词汇搭配特征。探讨商务英语词汇频率的研究，对商务英语语料库中的商务文本词汇使用频率进行统计，并编成词汇频率表，对于发现商务词汇使用规律、商务英语教材的编写、商务英语的教学都有重要的参考价值和指导意义。

通过将普通英语语料库与商务英语语料库进行比较发现，商务英语词汇与普通英语词汇的一个不同之处是商务英语词汇的语义范围更窄，与其使用的语域关联更为紧密。商务英语语料库中，使用的词汇数量有限，专业术语程度更高。商务英语词汇主要涉及商务活动领域，例如，宴请、旅行、会议和陈述等。商务英语词汇的平均词长大于普通英语词汇的，这说明商务英语长词较多，商务英语中的高频词，例如，与商务活动、商务描述等相关的专业术语、产品名称等词往往较长。除了这些差异，这类研究还以词汇在商务文体中的出现频率为依据，提取

出商务英语核心词汇，形成核心词汇表。这些核心词汇为商务英语词汇教学提供了可靠的语料。

（二）词汇搭配

词汇搭配是语料库研究的另一个重要领域。商务英语词汇除了在词汇频率方面与普通英语存在不同，在词汇的搭配层面也有独特之处。根据费尔斯（Firth）的定义，搭配是具有某种特殊意义的词汇组合。搭配研究的目标是总结归纳词汇搭配的基本特征。商务英语词汇在搭配上大多数时候遵循"习语原则"，对词汇具有限制性。许多词汇在普通英语中搭配形式多样，而在商务英语中搭配形式大大减少，很多时候只有一种固定搭配，例如，domestic consumption（内销）framework agreement（框架协议）等，这些都是固定短语，表达某一特定的商务概念，搭配中的任何一个词都无法替代。另外，通过对商务英语主题词进行个案研究还发现商务英语词汇的搭配力极强，例如，raise 可以和 fund、interest rate、salary、credit limit 等几十个商务词汇或词组进行搭配，这些搭配是正确理解及使用商务英语词汇必不可少的知识。

三、多元文化视域下商务英语词汇翻译的原则

（一）以专业性、标准性为检验依据

词汇翻译应按照逻辑关系或结合上下文语境、语义选择准确的表达方式，体现其专业性，并能够满足标准化翻译的检测要求。例如，The process of developing a Website 可译为开发网站的过程，注意此处的 developing 不可译为发展中的。而在汉译英的过程中，要掌握一词多译的规律，例如，online shopping 与 cyber shopping，需要结合具体的表达示意及上下文选择用词。对 Internet Ghostwriters 一词进行翻译时，ghostwriter 译为代笔者，结合句子 "The Internet Ghostwriters" refers to people who write post with particular content or ideas at the request of public relationship groups in order to attract more people to their agenda. 可以判断此处的 Internet Ghostwriters 应译成网络水军。

（二）熟悉英语构词法

随着科学技术的不断进步与发展，商务英语新词也不断涌现，这要求专业学

习者对基本的英语构词法有所了解，比较常见的是复合词的形式，例如，labor-saving（人力节约），domain name（域名）。还有一些派生词借助前缀、后缀来构成新词，这要求在翻译的过程中，首先要掌握前、后缀的常见语义。此外，一词多义的现象也需要引起我们的重视。有很多词汇存在多词义的情况，例如，book一词，可以翻译成"订购"，类似的词还有 run，可译成"经营"。这种情况要求我们既要了解该词汇有哪些语义，同时也需要结合上下文进行准确的翻译。

（三）区分文化背景差异

多元文化视域下的商务英语词汇翻译也需要我们掌握一定的文化背景差异。例如，比较有代表性的 dragon。我们是龙的传人，龙是中国特有的文化积淀，在传统文化中是权利、尊贵的象征，同时也代表着幸运等。而西方文化中龙是邪恶的象征。因此，我们在进行商务宣传策划活动的时候，要考虑相应的文化背景差异，要恰当地使用英语词汇以实现预期的效果，而不能制造误会或引起对方的不适感。

四、多元文化视域下商务英语词汇翻译的策略

（一）情境学习法

学习一门语言最好的方法是让学习者置身于所学习语言的环境中，受到语言环境的熏陶。同样，对于词汇的学习也是让学习者在情境中去了解词汇，明白词汇该在何种情况下去使用。在使用情境学习法时，需要学习者将学习与生活的真实情境结合起来，有明确的情境、明确的角色和明确的目的等，以此来激发学习者的热情，使学习者可以全身心地投入其中，从而让学习者能够真正明白在该情境中如何正确使用词汇。在学习者使用情境学习法学习词汇时，最好有专业教师的陪同，防止学习者在情境中用词不当时无人纠正。所以，情境学习法更适用于班级学习中使用。

（二）扩大阅读量

商务英语的学习者最好的学习资料是外刊。专业性强的外刊都是由专业人士所写，他们在写文章时的用语更加精准和地道，值得推敲。此外，在读外刊时

不仅可以了解外国专业人士在写文章时所使用的语句结构，而且可以了解他们的思维方式、语言习惯等。例如，在《经济学人·商论》中有一篇文章提到 Many other books on this topic are angry and hectoring, this one delivers a deeply moral message in a playful tone, interspersed with humour. 通过学这篇文章，学习者就可以更好地了解 interspersed 这个单词，知道它常见的用法是 interspersed with sth。

（三）词组的学习

在商务英语的学习中，词组的学习也是很有效率的一种方法，能够让学习者更快地积累词汇，明白英语中的习惯用法。例如，在《经济学人·商论》中有一篇文章写到 A chance to rub shoulders with captains of China's private sector is a big draw even for seasoned executives. 在这句话中学习者就可以了解到 rub shoulders with sb 这个词组是与某人有来往。

通过词组的学习，除了让学习者明白英语中的习惯用法外，还可以让学习者了解一些俚语的表达。例如，keep head above water 表面意思是让头高于水面，实际意思却是"不欠债"。这个俚语的正确用法如下：

【示例】 My wife and I are excited about furnishing our new house in North Carolina. But since we still haven't sold our old place back in Massachusetts, it's been a huge financial challenge. So far we've kept our heads above water. We only hope we can find a buyer soon!

（四）词义关联

在英语词汇的学习过程中，将具有相同意思的词汇进行整合学习，不仅有利于扩大学习者的词汇量，还有利于将具有相同意思的词汇进行区分学习。例如，商务英语具有"价格、费用"意思的词汇有很多，有 charge、price、fee、cost、expense 等。其中 charge 是指提供服务时所收取的费用；price 是指商品的单价；fee 是指上学、求医以及找律师的费用；cost 是指生产某种产品的成本；expense 是指实际支付的费用的总数额。总的来说，采用词义关联学习方法可以取得事半功倍的效果。

第二节　多元文化视域下的商务英语句法

一、商务英语句法的特征

（一）复杂性

商务文件的准确性和严密性与各方经济利益息息相关，因此，必须对此采取十分严谨审慎的态度，使之表达效果趋于准确，且满足时效的要求。为了达到这样的效果，在信函中并列句、复合句、倒装句等句式的广泛使用是必不可少的。虽然句式结构复杂但层次分明，保证提供尽可能多的信息的同时，又降低了信息发生歧义的可能性。除了常规的简单句外，以下三种是商务英语信函中经常出现的句式结构：

①修辞问句。修辞问句不需要读者对提出的问题做出任何回答，它以提高读者的注意力、激发读者的思维为目的。修辞问句常见于段落的开头，以引起读者的注意。这种现象通常出现在商业信函中，尤其是在销售信函中。

【示例】Wouldn't you love to whisk your way through those piles of ironing on washday？ Free yourself to do more interesting things？

这是一则关于电熨斗销售信的开头。此类问句使读者对解决方案感到好奇，并期待下一步会发生什么。

②倒装句。倒装句是一种有效的写作技巧，可以对信息重心进行调整，突出句子的某一部分，达到强调的效果。商务信函作为一种有效的文体工具，使用倒装句能够更具有创造性和活力。例如，"试比较两个句子的不同效果"，一般句：It is the right time to make your decision. 倒装句：To make your decision, it is the right time. 上述两个句子的重心放在了第一部分，其中倒装句起到了强调的作用，令人印象深刻。

③复合句。复合句是两个或两个以上简单句子的组合，通过"and""but"和"or"等连词连接两个或多个独立但相关且表达相同意义的句子。

【示例】The first shipment has been effected, and we will see to it that the rest goods are delivered with a week.

从以上句子可以看出，两个独立的句子通常用逗号或分号隔开。需要注意的是，复杂句表达一个中心思想及一个或多个从属的思想，但各从句不能独立存在，必须依附主句存在。

（二）多样性

一封成功的商务信函，关键在于句型的多样性，这样才能使信息的表达更多样化。在写作时，还需注重词与词、句与句之间的韵律感，突出信息重点，同时吸引读者。虽然一个成功的商务文件使用短句居多，但一直使用短句，会使商务信函毫无层次感，缺乏节奏感。

【示例】The ware house was scrubbed from floor to ceiling, and the trucks were newly painted.The principal greeted us at the entrance, and our review started at eight. The division manager was well satisfied, and the principal was noticeably relieved.

上面例子的句型缺乏多样性，单一的句型往往使读者视觉疲劳。因此，各种短句和长句交替使用，使句型结构多样化，才能使一封商务信函变得有趣且有节奏感，以提高可读性。

（三）实效性

对商务英语来说，在应用时应该最先考虑其实用效果，即商务英语要运用精简准确的句子去表达逻辑合理而连贯的意义。从文体学的角度分析，句子精练应当本着简洁精确的原则，去除华丽文字，避免矫揉造作，否则就是无效的表达，甚至会引起不必要的误会或者麻烦。

【示例】Please state your best terms and discount for cash.

例句中"best terms"一词本意是"最佳、最好、全力"，但在商务语域中，词义发生了变异，表示"优惠条款"之意。该词是商务英语中经常使用的专业词汇，突出体现了商务英语简洁的文体风格。

【示例】We would like to know whether you would allow us to extend the time of shipment for 15 days or so and if you would be so kind as to allow us to do so, kindly give us your reply by fax without delay.

例句中共 44 个词，句子烦琐冗长，且过于客气和含蓄，文字修饰性太强，具有文学文体的风格。同时"to extend the time of shipment for 15 days or so"表义含糊，不符合商务英语文体的简明风格，不具有实效性。因此，本句应该精简为商业用语。利用有限的字数，言简意赅地表达有效的意义，才是商务英语的独特魅力之处。

（四）程式性

商务英语通常在篇章结构中有固定的格式套路，且在所应用的具体句型中也往往具有程式化的特点，原因在于商务活动需要在严格的时间内传递最大化的信息量，而固定的程式化句型套语的应用，可以大大节省很多不必要的构思时间。

【示例】 Free On Board—price includes all costs of goods on a ship or aircraft whose destination is stated in the contract.

本句虽然是一个句式不长的简单句，但是目的明确而严肃且意义深刻，同时包含了大量信息，例如，离岸价或船上交货价格、卖方承担的义务、装运港、规定期限、运输方式、费用等信息。程式化的句型结构，既简洁又省时，同时承载了大量信息，是商务英语最独特的句法特征之一。

总体来说各行业、各领域的商务英语文体均具备属于自身的文章格式规范。而在使用商务英语进行文本的编辑时，必须按照规定的规范及要求进行编辑，保证商务英语文本的规范性，这是商务英语应用的必然要求。

在现代商场中，商务英语的文体普遍存在固定的句型，且在公函、信件等重要文件当中必须使用固定的句型，以体现商务英语的严谨性与庄重性。例如，通常情况下，均会在商务英语的开头利用"We are in receipt of your letter"表示尊重。

商务英语的句式结构较为复杂，通常情况下，在合同、公函中普遍使用倒装句、被动语态来强调句子的主体或对象。商务英语的此特点，要求翻译人员对商务英语有着足够的了解，同时要求翻译人员具有较强的逻辑性，这样才能够精准还原文本内涵，从而为企业的决策与发展提供准确的参考依据，这对于保证企业的经济效益和企业的生存与发展均具有十分重要的现实意义。

二、多元文化视域下商务英语句法翻译的原则

（一）准确性原则

保证商务英语翻译的准确性才能够真实地还原所表达的信息，促使企业了解对方的真实想法。总体而言，商务英语翻译的准确性原则主要体现在语言结构的准确性和专业风格的准确性两个方面。

首先，从语言结构准确性的角度来分析。语言结构的准确性要求翻译人员在进行商务英语翻译时，充分尊重商务英语的语言逻辑，结合汉语的语言逻辑，精准地翻译出每个单词、语句的含义，并结合语境、段落、前后文合理地进行商务英语的翻译。

其次，从专业风格准确性的角度来分析。专业风格是指商务英语的翻译需要遵循行业的特点，不同行业的商务英语均有属于本行业自身的词汇用法、句型用法及专业术语。因此，在进行商务英语的翻译时，需要根据商务英语实际的专业应用情况，精准地翻译出词语的含义。

（二）统一性原则

统一性原则要求翻译人员在翻译某一个公函、文件、合同时，不可将同一会函、文件、合同当中的同一个单词翻译成两种不同的含义。例如，不可将企业名称"Dell"在同一的文件或合同中翻译为"德尔"和"戴尔"两个不同的译名。

三、多元文化视域下商务英语句法翻译的策略

（一）省略法

商务英语句法翻译中常见的就是省略法。由于英汉的语言习惯不同，在翻译过程中可以做适当调整。

【示例】Any house hold appliance must be handled with care whether it is a laptop, a floor cleaning robot or a xiao du intelligent speaker.

上面例句我们可以译为：家用电器需要轻拿轻放，不论笔记本电脑、扫地机器人，还是小度智能音箱。因为汉语中没有冠词，因此我们在翻译时可以省略不定冠词 a。

从修辞角度看，在一些句子中有短语重复出现，可因精练作适当省略。

【示例】Neither party shall cancel the contract without sufficient cause or reason.

上面例句可译成：双方均不得无故解除合同。如果译为没有原因和理由则过于啰唆，不符合汉语的语言习惯。

（二）增词法

增词法应慎用，因为翻译原则要求我们不得随意增减原文的内容，但为了准确地表达原文信息，我们要在原意的基础上适当增加词汇，使翻译后的内容与汉语言习惯相匹配。例如，增加动词。

【示例】In addition to his work teaching Executive Master of Business Administration courses at many of China's top universities.

上面例句可译成：除了担任国内很多一流大学 EMBA 课程的教师外……，此处的"担任"就是我们因语言习惯所增加的。

（三）转换法

转换法涉及词性转换、句子成分转换及从句转换。其目的也是使翻译的文章符合汉语的表述方式。

【示例】We are confident that 5G will make our life beautiful and nice.

例句中"confident"可以译为"确信"。

（四）长句拆分法

如前面所述，在商务英语中也会遇到一些复杂句、长句子。遇到这些较长的句子时，我们可以合理利用长句拆分法。

【示例】Once he has placed his order, the information moves through a private gateway to a Processing Network, where the issuing and acquiring banks complete or deny the transaction.

其中 Once he has placed his order 是 moves 发生的条件，我们翻译长句时，要捋清句子成分，先挑出句子主干，再分别判定短语或从句在句中的作用。此句中 where the issuing and acquiring banks complete or deny the transaction 是一个非限制性定语从句，用来修饰 a Processing Network。将句子成分划分清楚，分清层次，最后排列组合进行翻译，在注意符合汉语习惯的同时注意不能改变原意。

第三节　多元文化视域下的商务英语修辞

一、商务英语修辞的定义

自亚里士多德时期起，神秘的修辞就已经激起人们的兴趣。修辞手法作为语言学的一个分支，着重考察人们社会交际的语言规律和特点。基于多元文化视域，我们不难发现，有限的语言可在修辞手法的强催化作用下产生无限可能，修辞是增强语言表达效果的有力武器。因此，商务英语文章往往采用不同的修辞手法，在一定程度上来说，修辞手法能增强商务英语的生动性、艺术性和感染力，加深读者对文章内容的印象，从而引起读者的关注和共鸣。

二、多元文化视域下商务英语修辞的手法

（一）头韵和尾韵

1. 头韵（Alliteration）

翻译时，遇到头韵词组可以运用押韵、四字成语的办法体现头韵的形式。用比喻、拟人、借代等其他修辞方法翻译头韵的修辞形式。

从押韵的效果：financial firm 金融公司、gift giving 馈赠。

从字典里的词义：environmental and economic impact 环境和经济影响、social responsibility records 社会责任记录、commitment to consumers/the community 致力于消费者和社区工作、predict potential for success 预测成功潜力、recently revised 近期修改的、absorb and apply 吸收应用。

从约定俗成的表达：reduced risk 减少风险、deep-dyed 彻底的、knick-knacks 小摆设、reserved and reticent 沉默寡言、start from scratch 白手起家、impressions are influenced 印象受到影响。"impression"和"influence"的头韵 /i/ 通过"印"和"影"两个词的头韵 /yi/ 得以呈现。在调查过程中，少部分学生有意识地将头韵与汉语中的声调、韵律联系在一起翻译，甚至将押韵作为翻译头韵的首要思路，这是一个非常大胆的尝试。

埃文（Evan）和格林（Greens）将一些头韵的结构列为第二类习语，即"对

仅用于某些固定习语中的不熟悉的词语做正常的句法安排"。例如，"tit for tat（以牙还牙）"，"kit hand kin（亲戚朋友）"，"with might and main（竭尽全力）"。

将英语的习语翻译成中文中约定俗成的四字成语，保留形式与意义的统一。但是，修辞效果应符合上下文文意，严丝合缝。

【示例】In someway gift giving is a strange custom. The Health care Financial Management Association recently revised its code to design at e contact persons who handle reports of ethics violations. I wanted to lie in a French crib and start from scratch,learning the language from the ground floor up.

例句中"gift giving"就是送礼物。"馈赠"的施动者一般是大自然等高尚的主体。此句中"gift giving"不宜翻译成"馈赠"，译为"送礼"较佳。整句可译为：有些时候世俗的送礼就是种奇怪的风俗。理解"start from scratch"需联系上下文文意。下文提到"learning the language from the ground floor up"即"从头学起"。如果将"start from scratch"翻译成"白手起家"，虽然也用到了四字成语，但不太准确。"recently revised"如果跟后面的宾语"code（密码）"搭配，译成"最近修订密码"，不如译文"最近修改密码"通顺。因此"recently revised"不能单从押韵的角度考虑，还得联系上文的词语搭配来翻译。

综上所述，多元文化视域下单个词语的解释和词语在句子或者特定语境下的解释不同。句子的意思除与谓语动词的关系紧密之外，还与句子内部逻辑关系有关。句子的意义及其限制性用法不完全取决于主要动词的特征，而与句子的框架性语法构式密切相关。因此，教师除了在课堂讲授中结合语境义讲解单词外，还应鼓励学生课后勤查字典、多读名著或者听广播，养成结合句意和上下文理解词义的习惯，建立英语翻译语料库，以更好地理解不同文化语境下的词义。

2. 尾韵（End-rhyme）

尾韵是词尾音素的重复，也称韵脚。在末尾押韵，例如，move 和 love，其结构特点与头韵相反。尾韵用重复的元音间隔，产生起伏错落的乐感，产生冲击情感和情绪的效果。在商务英语中，广告经常使用尾韵，以此突出广告的音律美，加深印象。如"hash,dash classic splash."这则泳装广告，音韵婉转，音律效果强烈，成功地勾起消费者的购买兴趣。再例如，"My Goodness! My Guinness！"译为太棒了！吉利斯啤酒！"My Goodness！"本为口语，表示惊叹之意，啤酒品牌

Guinness 与 goodness 压尾韵，同时压头韵，读起来朗朗上口，便于记忆，增强了广告的宣传效果。

（二）隐喻（Metaphor）

1. 隐喻与隐喻能力概述

修辞学认为隐喻是一种修辞格，是对常规语言的偏离，是一种语言修饰的手段，这是古典修辞隐喻理论的基本观点。在此基础上，诸多语言学家从认知角度出发研究隐喻，揭示语言的本质和人类思维、智力发展的轨迹，认为隐喻既是语言行为，也是文化与心理行为。目前，隐喻研究已经成为心理语言学、认知语言学、语用学等诸多学科研究的重要内容，而且隐喻研究已成为人们认识语言本质、研究客观世界和主观意识之间关系的重要方面。

胡琰在《隐喻能力的系统研究》一书中指出，本源性的隐喻能力反映了人们用目标语对世界进行概念化的能力以及相应产生的构建连贯语篇的能力。隐喻能力具有动态与系统性特征，反映了语言的动态性、隐喻性，隐喻构建中的隐喻化和非隐喻化过程以及对目标语基本框架结构的掌握。[①]

一般认为隐喻能力有狭义与广义之分。狭义的隐喻能力指的是对于隐喻表达的领悟、理解、思辨的能力，并能高效地运用隐喻思维产出高水平的隐喻表达。利特莫尔（Littlemore）将隐喻能力概括为四个方面的能力，即隐喻表达的原创性、隐喻传达的流利性、隐喻识别的准确性以及隐喻理解的快速性。广义的隐喻包含了认知主体的语用意识、跨文化交际能力、隐喻认知模式等，涉及思维、认知、情感、文化等多个维度。王寅等指出，隐喻能力指的就是人们对隐喻概念进行识别、领悟与构建的能力，不仅能被动地理解、学得隐喻，而且还包括创造性使用隐喻的能力，更高水平的隐喻能力还包括丰富的想象力和活跃的创新思维能力。

2. 隐喻的功能

（1）隐喻在商务英语修辞中的积极作用

①帮助人们了解新的概念和事物。隐喻作为一种语言修辞手法，能够帮助人们在商务英语交流的过程中理解概念，因为每个人所处的时间、空间不同，所以不可能对所有的新概念都有所了解，这个时候就需要用隐喻来作为桥梁，帮助人

---

① 胡琰. 隐喻能力的系统研究 [M]. 苏州：苏州大学出版社，2009.

们理解概念。例如，当我们在谈论一个产品的时候会说到 product life cycle，在我们的意识中 life cycle 是生命周期的意思，当我们将其主语换成 product，就会自然而然地对产品产生一种其是一个生产、消亡的循环的理解，这样对于这个新概念的理解也会更加深刻。

②语言简洁，表达生动。隐喻在商务英语中的应用是具有高度的概括性的，我们在表达的过程中可以用隐喻来代替很多词汇，这样表达起来也会更加清晰，例如，我们在形容股市行情的时候，如果采用 share bubble 就能够清晰地表达出股市的情况如泡沫一般，如果我们不采用 bubble 这个词可能就需要通过更多的词汇来形容股市的情况。在一些商务交流中，应用隐喻还能够让对方感受到说话者的文化修养，让倾听者很容易顺着说话者的思路去想问题，这对于商务交流的进行是非常有利的。商务谈判都是存在经济利益关系的，在对经济利益存在分歧的时候，可以在相互的沟通中采用 mend the se-fences 这几个词，从 fences 中对方能够体会到在价格上需要双方的共同让步合作才能继续进行，这样就采取隐喻来巧妙地表达了自己的意思，同时对于双方都不伤和气，可谓一举两得。

（2）隐喻在商务英语修辞中的消极作用

在商务英语中，隐喻的使用十分重要，但若使用不当，则会造成双方尴尬的局面。在谈判中，双方通常都很谨慎，使用过激的措辞很有可能引发一场激烈的争论。例如，我们在商务英语中表达自己答应对方的要求的时候，如果采用 combat your demands 就可能让对方感觉这是一场战争，这个词会让对方感觉到很不舒服，整个商务谈判可能也就到此结束了，这对于双方而言都是不利的，因此隐喻在商务英语中如果运用不当就会起到相反的作用。

3. 隐喻能力培养策略

（1）启动学生的隐喻意识

教师可从启动学生的隐喻意识入手，帮助其理解隐喻的语用功能，指导学生学习与理解典型商务隐喻。二语表达的生硬与僵化很大程度与隐喻意识的缺失相关，未能通过隐喻机制的类比与映射打通认知，语言表达时就容易空洞直白。学习者必须培养隐喻意识，通过隐喻机制来构建与商务相关的经济概念，即能对商务概念进行正确的、有效的编码与解码，最终在商务交流与沟通中能够像母语使用者一样，运用隐喻机制进行思辨与概念的表达。了解隐喻在语言中的普遍性，领会隐喻中隐含的喻体部分，理解隐喻表达的相对专属性，把握喻体运用的专属文化特征，理解喻体表达的跨文化差异与多样性是伯尔斯（Boers）指出的培养隐喻意识的步骤。

隐喻通过映射跨越不同语域，从而实现语意的通达与思维的交流，特别是概念隐喻通过表征功能与处理功能，最终打破认知障碍，构建有效的认知模式。例如，money is liquid 作为概念隐喻，通过水流这个我们日常生活中习以为常的概念来构建我们相对不熟悉的与金钱相关的经济学概念，我们在商务沟通中通过隐喻机制和其信息编码的处理功能，不再创造新词来表达金钱与水流相似的抽象特征，概念隐喻就打通了日常常识与经济概念之间的认知通道，最终实现了商务交际中的语用功能。在这个认知框架下，隐喻机制就赋予了金钱流动的特点，具有了水流的特征，就出现了相关表达，例如，cash flow（现金流）、current（货币）、de-posit（存款）、frozen account（账户冻结）、money laundering（洗钱）、asset dilution（资产稀释），而 liquidity 这个词本身在商务词汇中就指的是流动资金与资产流动性的意思，另外一个派生词 liquidation 通过形象化的理解即用水清洗，用于资本市场，指清算之义。商务英语中的隐喻思维培养，为学习者拓宽了认知领域，开拓了思维模式，从而学习者能较为顺利实现双语间的语用通达，最终可以启动母语一样的认知加工模式与思维模式。

（2）加强显性教学提升隐喻能力

在培养隐喻能力的过程中注重显性教学，通过相关教学策略引导学生理解隐喻的认知模式，培养其隐喻意识，提高其隐喻水平。袁凤识等指出学习者对隐喻用法的判断能力、接受能力、解释能力、欣赏评价能力、产出能力、加工速度以及使用频率、数量等都能反映出其隐喻能力的水平。也就是说，隐喻能力包括理解、认识、解释和产生等多个维度。

商务英语语料中有大量的关于市场营销的内容，也存在大量的商务隐喻，这些隐喻准确而生动地反映了相应的营销理念与商务实践内容。例如，"Virus marketing 病毒性营销""Hunger market 饥饿营销""Skimming 撇沫定价（高价策略）""Bandwagon effect 从众效应""Bundle sale 捆绑销售""Domino effect 多米诺骨牌效应""Beak even pricing 盈亏临界点定价法""Grass-roots marketing 贴身式营销"。教师可以引导学生从这些商务英语隐喻的喻体出发，去理解商务中的营销概念。以病毒性营销为例，病毒是一种非细胞生命形态，它是具有可传染性和破坏性的化学物质。在一定程度上来说，它和计算机领域的病毒一样，具有自我复制和快速传播的特点，从营销的角度而言，就是指从信息的源头开始，通过口碑效应与互联网等流媒体的"弓漩"效应，达到一传十、十传百的效果，这是一种广告营销策略，希望通过媒体引发聚焦、达到快速推广的目的。借助喻体病毒本身的自我复制性与快速传播的特点，可以让学习者迅速理解互联网大环境下的网络营销的本质与特征，启迪其对网络营销模式的深刻思考。

（3）注重隐喻的概念特征和文化属性

在商业实训中，通过培养学习者理解隐喻的概念与文化属性的能力，增强商业交流沟通的效果。隐喻是一个民族的语言和文化的精华所在，是一个民族文化的重要组成部分，是最具原创性和典型性的，是一个民族的精神世界的集中体现。商务英语中存在着丰富的具有深厚文化底蕴的比喻，它反映了商务英语特有的文化背景，同时也使晦涩难懂的商业知识和理论显得更加清晰、形象。例如，在商务英语竞赛的实践环节，会要求学习者调研市场，撰写完整的调研报告并展示，展示过程中学生就可以通过隐喻表达生动形象而得体地展示经济原理和营销策略。当要展示生态环保的农产品。强调其可持续发展的特点时，就可以说"这样的企业和大自然、社区、用户签订了一项长期合作共赢的合同"，这就利用了隐喻概念打通了经济与法律的范畴，使听众心领神会，生动理解了企业将社会责任转化为经济意识，以及企业利用合同效力来保障实施的信念，较好实现了提升企业形象的营销目的。

如果对于隐喻的高度文化属性不敏感，也会产生不当使用，使商务营销的效果大打折扣。以保健品灵芝为例，中医认为灵芝具有滋阴、养颜、美容的功效，这一点大多数中国人是认可的，但要想向外国人介绍灵芝的功效并制定海外营销策略就有一定难度，有团队就想把灵芝比喻成"神奇的中国蘑菇 magic mushroom"。但近年来在英语中"magic mushroom"有迷幻毒品之意，这样的比喻不但不能产生跨文化的传播效果，反而会适得其反、弄巧成拙，使受众对此产品产生负面联想。基于多元文化视域下可以发现商务隐喻具有很强的文化属性，只有运用得当，才能经过语言的隐喻机制生成较好的表达效果和传播效应。

商务英语隐喻表达具有高度的文化专属性，有很多非常形象的表达已经进入了我们日常的汉语表达，例如，黑天鹅事件"Black swan incident"，灰犀牛现象"Grey rhino phenomenon"，独角兽企业"Unicorn enterprises"。这些词汇都是典型的商务隐喻，借助动物的形象来描写商务现象。黑天鹅与灰犀牛栩栩例如，生动反映出经济现象的无常与非线性化的特点；而独角兽是西方神话中的神兽，象征美好、高傲与纯洁，独角兽企业指的是并未上市融资但市值已达10亿美元的优质潜力公司，它表达出对于有可能为投资者带来丰厚回报企业的梦幻般的期许，具有较强的移情效应与文化联想，反映出英美文化中重视商业的文化传统。深刻理解这些隐喻，为我们领悟英美文化打开了新的通道与认知模式。

（4）建立源域与靶域的映射关系

在多元文化视域下的商务英语翻译教学中，引导学生使用隐喻思维，建立起源域与靶域的映射关系，能够产出符合受众审美期待的高质量译文。从翻译角度而言，主要是对隐喻翻译方法的灵活运用，一般可采用喻体重现、替换、省略等方法来翻译。基于多元文化，在商务英语的隐喻翻译中，译者不仅要准确把握喻体和本体，更应该揣摩读者的内心和他们的期待，产出符合目标读者审美要求与认知期待的译文。例如，维基百科在介绍新创科技公司的时候，把这样的企业形容为"Internet orchestrator"，这样的科技创新企业善于利用互联网的资源整合与光速传播效应，能迅速获取资源，聚积人气，迅速成长壮大，在新经济时代具有举足轻重的地位。而orchestrator原意指的是管弦乐演奏家，指善于用琴弦和不同乐器演奏出美妙乐章的音乐家，他们能够演绎出或扣人心弦或波澜壮阔的乐章，而这些企业将互联网的网络效应发挥到极致，在商业与资本市场也是异军突起、长袖善舞，所以将"Internet orchestrator"翻译成"互联网浪潮下的弄潮儿"，就能体现出独角兽企业的先驱精神，也能动态地反映出在网络时代与互联网经济的大背景下，其顺势而为、独领风骚的风采。

以最近很流行的商务口语"割韭菜"英译为例，如果直译，即为"Be milked/taken advantage of/exploited"，这样的翻译就缺失了原语境的幽默与俏皮的表达效果，而在英文中有一个表达为"Pull the rug"，指的就是突然釜底抽薪，让对方无所适从，非常形象地描绘出投资者的无辜与无奈。也可译为"Be played for a sucker"，其中"sucker"指的是吸盘，也有依附他人没有独立判断能力从而被骗之意。

在商务英语翻译教学中可以指导学习者，让其借助隐喻化思维，打通英汉两种语言的认知障碍，产出符合读者认知与审美期待的译文。隐喻作为概念表达与语意通达的重要认知手段，已经被赋予了深刻的理论意义与社会意义。从商务英语教学的角度来看，通过隐喻概念的传递，可以在商务语料库的阅读中激活和培养学生的隐喻思维，从而提高他们对隐喻语境的敏感度和理解能力。教师在教学中要引导学生在理解商务概念时要有隐喻意识，培养他们基于隐喻的认知模式，提高他们对商务概念的整体解读能力和创新思辨能力。在商务实践环节，通过学习具有高度文化专属性的商务隐喻，也可提高学习者跨文化商务沟通的效率，促成商务活动经济目标的达成。在商务英语隐喻翻译的教学中，引导学生使用隐喻思维，通过隐喻的翻译实现译文的审美功能，可提升翻译文本的质量与认可度。由此可见，在商务英语的教学中，可以将隐喻教学融入商务英语阅读、实践、跨文化商务沟通、翻译等各个环节，通过商务隐喻教学培养学生的跨文化的语用能力。

（三）委婉语（Euphemism）

委婉语是指用委婉的、文雅的、令人舒服的表达来取代那些直接的、粗鲁的、令人不快的表达，委婉语有词汇、语气、语法等多种表现形式，使用委婉语可以缓和可能出现的紧张、尴尬的气氛，使说话人能更得体和委婉地表达自己的观点和看法，也使对方更加容易接受。在国际贸易中，尤其是在商务谈判中，良好的沟通环境和轻松愉快的氛围至关重要。通常情况下，贸易双方身处不同的语言环境、文化背景下。由于习惯和习俗的差异以及不同的社会背景下禁忌的不同，在一定程度上来说，委婉语的正确使用能有效地避免尴尬情况的发生，因此，在商务英语中，委婉语的合理运用可以使交易双方在一个融洽的氛围下进行交流，为推动贸易活动的顺利进行起到重要作用。

1.委婉语的定义

英语单词 Euphemism，即"委婉语"，来源于希腊语。希腊语词语前缀"eu-"相当于英语中的 good，词根"-pheme"相当于英语中的 speech。那么，英语单词 Euphemism 可以被解释成 good speech，翻译成汉语就是"好的、善意的言语"，表示恰当得体的语言方式，用来代替唐突的、粗鲁的表达。它是一种常用的语言修辞手段，更是一种语言文化的体现，在语言交际中的运用十分广泛。委婉语的表达丰富多彩，承担的语言功能也多种多样，例如，避讳、礼貌、模糊等。不管是在日常生活中，还是在商务活动中，甚至在国家事务中，人们通常会大量使用委婉语来起到礼貌、润滑的作用，以避免矛盾和冲突。

2. 委婉语的功能

（1）避讳功能

对于一些表达的含义比较负面、让人不快的词语，人们通常是比较忌讳的，用委婉语来代替这些词语的现象便是委婉语的避讳功能的体现。例如，在日常生活中，人们有时不可避免地会说到有关死亡的字眼，在英语中，人们常用 pass away，go to a better place，to be with God 来代替 death、die。另外，西方人对于"13"这个数字比较敏感，所以在经商中，人们通常用"12+"等形式代替"13"。同理，中文的数字"4"与"死"谐音，因此在与中国人做生意时，对方也会避免使用数字"4"。

（2）礼貌功能

礼貌是人与人之间交往的基本准则。礼貌得体的表达不但会体现一个人的素养，还会推动人际关系的和谐发展。委婉语的礼貌原则是指使用温和的表达方式，体现对对方的尊重，让对方感受到舒适和愉悦。例如，在称呼老人时，人们通常不会用 old 这个词，说话者会用 senior citizen 代替 old man，避免冒昧和无礼。还有，人们在提到一些地位相对较低的职位时也会用到委婉语，使之听起来更加体面，例如：用 hairstylist 来表示"理发师"，而不是 hairdresser；使用 agriculture engineer 代替 farmer；提到"家庭主妇"时用 domestic engineer 而不是 housewife。

（3）模糊功能

委婉语的模糊性会在很大程度上掩盖事实真相，这一特点在军事、政治方面的委婉语中有较多的体现。例如：在社会救济方面，救济金 pension 会用 welfare benefits 来代替；老板在辞退员工时会用 give the walking ticket；有的国家为了掩盖战争的罪行，会把对另一个国家的侵略 aggression 说成 active defense。在商务英语中，委婉语的模糊功能也会有所体现，例如，人们常用 fake quality commodities（伪劣产品）代替 illegal products（非法产品）。

三、多元文化视域下商务英语修辞的特征

（一）名物化结构较多

商务英语比较规范，尤其是商务合同，商务英语合同是一种具有法律效力的文件，因此，商务合同英语既有商务英语语篇的特点，也有法律英语语篇的特点。法律和商务两种语域使商务合同成为一个具有特殊用途和自身语言特征的功能变体。名物化结构在商务合同英语中处处可见，大量名物化结构也是商务合同的一个显著修辞特征。

【示例】Upon successful completion of the tests the Purchaser shall sign a Plant Acceptance certificate evidencing such completion and listing any agreed Deficiencies to be corrected by CAE within such period as may be agreed with the Purchaser.

译文：一旦顺利完成这些测试，买方须签署一张工厂验收证，证明测试已经完成并列出将由 CAE 在买方同意的期限内校正的任何经认可的缺陷。

例句中，使用了好几个名物化结构，例如，"completion""evidencing""listing"。这些名词及形式使语言表达精练而准确，也使复杂冗长的小句凝练成一个简单的名词短语形式，灵活重组原句的信息结构使小句的数目减少，词汇密度增大，书面语体的特征变得更为明显。而且名物化过程没有语气的选择，使叙述具有不可协商性，增加了商务合同的严肃性和法律性。

（二）照应手段的使用

照应手段是指语篇中一个成分作为另外一个成分的参照点，例如，用代词等语法手段来表示语义关系。商务英语，尤其是商务英语合同常用一些诸如人称代词、指示代词、名词等照应词语来实现句子间的衔接。

【示例】Neither of the parties hereto shall at anytime during the continuance here of deal with any of the Joint Company owned by it whether by sale, pledge, gift or otherwise in any manner in-consistent with the carrying out of its obligations here under.

译文：本协议任何一方都不得在本协议有效期间，采用出售、抵押、赠送或其他与履行本协议规定的义务不相一致的方式，处理其拥有的合营公司的任何股份。

例句中"hereto""hereof""thereafter"三个古体指示语的运用，一方面能体现合同的庄重严肃，另一方面还可以避免不必要的重复，尤其是一些比较长的词语，使意义更加清楚、简明。

【示例】The Sellers shall not be held responsible, if they owing to Force Majeure cause or causes, fail to make delivery within the time stipulated in the Contract or cannot deliver the goods. However, in such cases, the Sellers shall in form the Buyers immediately by cable.

译文：由于人力不可抗拒的事故，卖方不能在合同规定期限内交货或者不能交货，卖方不负责任，但卖方应立即以电报通知买方。

例中反复使用"Buyers"（买方），"Sellers"（卖方），而不用"We、you"或"the one、who"，其目的是准确地表述，避免歧义的产生和理解上的混淆，体现了合同条款的严密性。而"in such cases"结构在本条款中的应用起着很强的限定作用，它可以把被修饰的词语锁定，避免发生争议。在这一点上，商务英语与普通英语不同。在普通英语中一般常用 this 或 that 来引导限定性或非限定性成分。

（三）衔接手段的使用

衔接是使用某些词语或相应的句式将语段巧妙地连接起来，它常用在意思联系比较紧密的段与段之间，使语篇前后连贯、脉络分明。基于多元文化视角，可以发现语篇中的连接成分是具有明确含义的词语。通过这类连接性词语，人们可以了解句子之间的语义联系，甚至可以根据前句从逻辑上预见后续句的语义。

【示例】Except in cases where the insurance is covered by the Buyers as arranged, insurance is to be covered by the Sellers with a Chinese insurance company.

译文：除经约定保险归买方投保外，由卖方向中国的保险公司投保。

例句中使用了侧重性连接词"in cases"，表示可能发生的后果或事件。在商务英语中，不用普通英语中的"if"引出，而用"in case"或"incase of"表示对业务往来双方条件的规定。

（四）替代手段的使用

替代指的是用替代形式去替代上下文出现的词语，一为避免重复，二为衔接上下文。替代只是一种形式，它的具体意义要等找到所替代的成分后才能确定。

【示例】This Sales Contract is made by and between the Sellers and the Buyers, whereby the Sellers agree to sell and the Buyers agree to buy the under-mentioned goods according to the terms and conditions stipulated below...

译文：兹经买卖双方同意由卖方出售买方购进之下列货物，并按下列条款签订合同：……

在例中，用"the under-mentioned"和"below"来替代下文将出现的条款，这样避免了重复，使上下文连接紧密。

第四章 多元文化视域下的商务英语合同翻译

商务合同是商贸合作双方进行相互约束的重要依据，是维护自身权利的手段之一，在商贸活动中的地位尤为重要。基于多元文化视角不难发现商务英语合同翻译在国际商贸合作，即双方语言具有差异的情况下，为双方明确责任义务而搭建了沟通桥梁。本章分为商务英语合同概述、商务英语合同的语言特征、多元文化视域下商务英语合同的翻译三个部分，主要包括商务英语合同的内涵、商务英语合同语言的词汇特征、商务英语合同语言的篇章特征、商务英语合同的翻译原则、商务英语合同翻译的策略等内容。

第一节 商务英语合同概述

一、商务英语合同的内涵

国际商务合同可以被看作保证国际商务活动顺利进行的法律文件。一般意义上讲，国际商务合同是指具有某种涉及两国或两国以上业务的合同。总的来说，国际商务合同（主要体现为商务英语合同）是指在国际市场上平等主体的双方或多方当事人（自然人或法人）就建立、变更、消灭民事法律关系所签订的协议，是双方或多方当事人的法律行为，是双方或多方当事人意思表示（将能够发生民事法律效果的意思表现于外部的行为）一致的结果。

按照交际目标和内容来划分，商务英语合同包括商务英语销售合同、商务英语雇佣合同、商务英语承包合同、商务英语租赁合同、商务英语投资合同、商务英语信贷合同、商务英语保险合同等。

二、商务英语合同的特性

（一）条理性

合同都有固定的文体格式，其中包括纲目、条款和细则等。商务合同的内容清晰，因此在进行商务英语合同翻译工作期间也需要清晰、准确地表达合同的逻辑思维和语言。商务英语合同不同于议论文，翻译人员不需要对其进行详细的论述，但需要做到翻译清晰、准确，确保翻译内容与合同中的纲目、条款、细则等结构上相同。

（二）规范性

对于商务英语合同来说，必须做到规范地行文用词，不能够对其进行随意地修改。如果需要修改，则需要合同各方进行协商。商务英语合同简单来说就是以书面表达的方式来展示合同各方之间的约定，并将其作为合同各方合作的依据，因此在进行商务英语合同的翻译工作期间一定要做到严谨地使用文字和词汇。例如，单词"concerned"可以译为"有关的"，如果将其应用在商务英语合同的翻译中，那么就会使句子中的概念翻译相对笼统。此时，翻译人员就可以根据合同的上下文内容对其进行合理的翻译，从而确保能够准确地翻译出商务英语合同内容的实质。

（三）专业性

商务英语合同翻译工作的专业性较强，在翻译中需要使用到许多领域的知识，例如，法律、金融、税收等知识。大多数的商务英语合同都会使用到多个专业知识，这也对商务英语合同翻译人员的知识储备情况提出了较高的要求。

第二节 商务英语合同的语言特征

一、词汇特征

商务英语合同在应用文体中是较为特殊的文体之一，它具有独特的表达方式和文体特点。商务英语合同是指有关各方之间在进行某种商务合作时，为了确定各自的权利和义务，而正式依法订立的，必须共同遵守的协议条文，因此在词汇选择方面会与其他文体存在差异。

（一）频繁使用专业术语

商务英语合同涉及标准化利益分配，是一种法律文件，规定了当事人的相关权利和义务，对交易双方都有约束力，商务英语合同是正式文体，其语言必须做到严谨、精准和规范。合同书中通常会存在大量的法律知识，法律作为一门独立的学科，拥有大量的专业词汇。同时，不同领域的合同文本所涉及的内容也不尽相同。为了更快捷、清楚地传达内容，合同书中必须包含相关领域独特的知识内容，因此也会存在所涉及领域的专业术语。这也正是商务英语合同文体应体现其严肃性、正式性的原因。由于商务英语合同涉及许多专业领域，例如，土木工程承包、电子技术转让、医疗设备进出口、服装贸易进出口、汽车加工装配、国际金融投资等，在这类亚语类语篇中都可以发现大量的专业词汇或缩略语。

就商务英语合同词汇特征而言，胡春雨通过对比 BEC-Agreements（BEC 语料库中的商务合同子语料库）与 BE06-J（Brown 语料库中的学术语篇子语料库）发现，专业术语在商务英语合同语料库整个主题词表中占据主导地位。涉及合同双方人员的专业术语有"parties""employee""supplier""administrator""attendees"等；涉及合同责任的专业术语有"breach""conditions""agreed""liability"等；涉及相关事物的有"products""property"等；涉及权利与法律保障的有"right""warrants""law""court"；还有比较常见的，例如，单独海损（particular average），汇票（bill of exchange），不可抗力（force majeure），平安险（F. P. A.），远期汇票（usance draft），不可撤销信用证（irrevocable L/C），承兑（acceptance）等。

商务英语合同也经常出现相关法律词汇，例如，违约（default），仲裁（arbitration），转让（assignment），异议与索赔（discrepancy and claim）等。

（二）文中极少使用代词

基于多元文化视角，我们可以发现在文学文本中，作者常常使用代词来指代前文出现过或大家有共同认知的人物或事物。但在商务英语合同中，我们极少看到代词的出现。商务英语合同是约束性文件，通常为了明确双方权利义务，避免有歧义造成的争议，因此在文本中极少会出现代词。

（三）善用模糊限制语

模糊就是概念外延的不明确性，事物概念的归属存在不确定性，总的来说，这也是语言的自然属性之一，在简明英语当中主要体现在词汇和短语层面。虽然商务英语合同是在双方平等自愿基础上签订协议的，语言在使用上不仅要正式同时也需要专业，但是在某种场合下，还是需要有条件地使用模糊词语，这样反而能够让条款变得更加紧密，有助于防止漏洞的产生。例如，"or any other form/events/conditions" "within a reasonable time" "in a reasonable manner" "there as on able direct costs" 等。由于模糊限制语融词汇内涵的可塑性、有限性与外延的模糊性、无限性为一体，因此模糊限制语的使用与合同语言的严谨性、精确性并不冲突。合同模糊限制语一般出现在对当事人的权利和义务、合同终止条件以及不可抗拒因素等进行界定时，是附加在已有限定成分之上的额外信息。这么做一方面可以通过扩大不可预知因素的外延而防止漏洞产生，将双方利益最大化，实际上加强了合同文体的严谨性；另一方面，还可以提高合同语言的灵活性，增加合同的可操作性或实用性。

（四）高频使用情态动词

一方面商务英语合同明确了合作双方的责任和义务；另一方面，在交易过程中发生意外时，合同双方也希望能依据合同寻找到解决问题的办法，因而情态动词 may、should、shall、must 等经常被使用且起到很重要的作用。在合同语篇中情态动词 "shall" "will" "may" "shall not" "may not" 都具有指示性和施为性的功能。"shall" 表示法律上强制执行的任务，表示"应该"或"必须"之意，是合同中使用频率较高的法律用语，它可用于所有人称，因此 "shall" 不仅作为助动词表示将来，它作为情态动词，也更能体现法律文书所规定的强制性义务，即要求一方应当承担的责任和义务。

【示例】The Seller shall procure and pay for insurance in respect of the goods from loading through to discharge port for the full CIF value against full risks in accordance with current Institute Cargo Clauses A（all risks），plus10%.

译文：卖方应该、必须、将根据目前伦敦保险协会货物保险的条款 A（一切险），为货物购买从装港至卸货港的全额 CIF 价格的 110% 的保险。

此处的 shall 体现了"应该""必须""将"等含义。

【示例】Any losses arising out of seller's failure to effect shipment shall be for seller's account.

译文：卖方因承担未能装运而产生的任何损失。此处，shall 则主要体现了卖方应当承担的责任。

除了刚刚提及的"shall"，还有其他常见的情态动词。其中"will"的含义比"shall"稍次，意为"要"或"将"或"愿"；"may"除可以表达对合同双方可预见性行为的判断之外，还可以表达不带有强制性色彩的"准许"或"许可"；"shall not""may not"具有预防可预见行为的内涵，前者表示语气较强的"不准"或"不得"，后者语气稍微弱，意为"不可以"。胡春雨发现，与学术英语语篇相比，这三个情态动词在商务英语合同中都呈现出显著的"超用"特征。也有学者发现，在商务英语合同中情态动词"shall"是仅次于"any"的第二高频主题词。

（五）古语词较多

语料库语言学中"超用"（overuse）一词指的是一些词汇在考察语料库中较参照语料库表现出多用的特征。古体词在口语和其他普通文体中已很少使用，而在商务英语合同中仍然较为普遍。在合同文本中常出现的古语词多由副词 where、there、here 与代词 in、by、after、with 等构成，例如，在商务英语合同中出现的前四位高频古体词"there of""here of""here in after""here under"当中，除了"there of"在学术语篇中有出现（频次仅为 1）外，其他古体词均未在学术语篇中出现。

就法律用语而言，与非法律语篇相比，古语词在商务英语合同中也较为常见，尤其是在商务英语合同中。这与国际商务交际行业的特殊性以及该语类的社会职能有关。

（六）选择内容丰富的名词

在商务英语合同中，往往习惯选择具有丰富内容的名词和明确含义的短语进行表达。名词短语能精简句子的长度，提升合同的有效性。同时，在拟订商务英语合同时将动词进行名词化，更能体现合同的严谨性和专业性。例如，"发货"用 delivery of the goods 来表达，而不用 deliver the goods，这种表达不必考虑词语的情感和时态，反而增加了语句的正式程度。此外，商务合同中，也倾向于选择词组进行表达，以更好地体现商务合同所特有的正式性和严谨性。

【示例】Buyer shall make payment in US Dollars, at 90 days after Bill of Lading date.

译文：买方应在提单签发日期 90 天内以美元付款。

此处，用 make payment（付款）替代了 pay。

【示例】All Terminal Handling Cost and other local charges at discharge port are for buyer's account.

译文：在卸货港的所有终端处理费用和其他当地费用由买方承担。

此处，则用词组 for one's account（承担）更严谨专业。

二、句式特征

商务英语合同是一种具有法律效应的文体，它关乎贸易双方能否成功达成贸易，并在合作过程中能互相约束，以履行彼此的义务，也是确保自己权利的根本保障。因此，商务英语合同应该措辞严谨，表达清楚明确，逻辑清晰明了，内容客观公正。

为了体现上述特征，商务英语合同的句式通常使用陈述句、被动句及长句。陈述句通常言简意赅，能够有针对性地陈述要点。被动句能够十分巧妙地消除句式中的主观因素，使文章更客观公正。长句则是商务英语合同中常出现的句式。通常，一则条款为一句话，为的是清楚明了地划分出双方的权利义务，避免歧义的出现。

（一）多用冗长的句式

胡春雨发现，商务文本与学术文本的最大区别表现在句长上，前者的平均句长标准差为 32.57，而后者的平均句长标准差仅为 15.7。他进一步指出，这种用法一方面体现了商务英语合同文体的庄重严肃的风格，另一方面又清晰、准确地界定了双方的权利与义务，尽量把各方面因素都考虑在内，可以帮助排除被误解的可能性，维护双方合法利益。

①商务英语合同中名词化结构高频使用。商务英语合同倾向于使用复杂的介词短语而不是状语从句，名词化结构往往充当介词的宾语；名词化结构的大量使用使商务英语合同文体带有法律英语的特点，即文体正式、客观，并具有一定的权威性。

②商务英语合同中多用被动语态和现在时。商务英语合同文体的另一个特点就是内容比较强调或突出动作的对象，而不突显动作的完成者。所以商务合同中经常使用被动语态，尽量减少个人情感的投入，从而使论述更加客观、平实。另外，商务合同普遍使用现在时，以强调商务合同条款的普遍性、现实性、原则性和有效性。

③商务英语合同中平行结构占上风。平行结构在商务英语合同中非常普遍，优势在于其具有条理性和醒目性。在商务英语合同条款中有可能产生模糊语义时，平行成分不采用概括形式，而是具体地逐一列举，并以段落的形式呈现，十分醒目和清晰。

句子的长度是衡量语言规范化的一种形式，一般商务英语合同的句子都比较长，这是因为其中所使用的语言是非常正式的。拟订合同内容时必须清晰准确、措辞严谨得体，不能出现表述含糊而引起争议的句子。长句和复杂句的使用往往能使合同语意表达明晰精确、细致严密，有效避免双方误解与歧义的产生。商务英语合同中有很多内容是带有限定性的，规定了合作双方的权利和义务，长句子能够表达出法律文本的限定性意思。商务英语合同由多个长句子组成，平均每句有15～17个词，法律英语的特点是每个句子都作为独立的单元，与上下文句子之间的联系并不是很大。在翻译商务英语合同长句子的时候，不必逐字逐句地翻译，而是应该充分地理解商务英语合同的修饰语、连接词、句子成分的逻辑关系等，达成商务英语合同中心思想和主体诉求的对应关系。

值得一提的是，商务英语合同这种独特的文体其特征表现在其长句子虽然较多，但是相对比较简练，用词非常精准，不容易造成歧义和误解。整个商务英语合同的翻译译文都是准确而严谨、规范而得体的，翻译出来的商务英语合同文本能够精准地表达出商务活动中的要求，符合合同所体现的跨境交易规约，减少了商务英语合同翻译偏差所导致的纠纷或风险，促进了各国跨文化商务活动、经济交流的和谐发展。

总而言之，复杂长句句子结构相对复杂，涉及大量的从句和修饰语的使用，也使商务合同语言相对比较晦涩、难懂。

【示例】If the circumstances giving rise to a Force Majeure declaration continues for more than 90 consecutive days, the party not declaring Force Majeure shall have the right to renounce any further fulfillment of its obligations hereunder, with the exception of obligations which shall have accrued hereunder between Buyer and Seller.

译文：如果不可抗力声明持续超过90天，未宣布不可抗力的一方有权拒绝进一步履行其本合同条款下的任何义务，除本合同下买方和卖方之间已产生的义务。

（二）圆周句与松散句交替使用

根据修辞学，英语的句子类型可分为七种：省略（ellipsis）、反复（repetition）、修辞问句（rhetorical question）、平行结构（parallelism）、对偶句（antithesis）、圆周句（periodic sentence）、松散句（loose sentence）。

杨一秋等学者发现，商务英语合同中的句型主要为圆周句和松散句，其中圆周句的使用频率最高。从修辞的角度来看，合同语言中从句较长、主句较短，通过使用圆周句将冗长的从句信息前置，可以避免头重脚轻的失衡感，促使行文流畅。

从文体效果来看，因为圆周句是按照事物的内在规律来表达的方式，所以大量使用圆周句可以使文体显得更加一丝不苟、庄重和文雅。松散句的使用可以达到直接、明了、流畅、易懂的文体效果。所以，商务英语合同倾向于交替使用这两种句式，在传递复杂、严肃的信息的同时，有效避免歧义的产生。

（三）多用陈述语气

商务英语合同作为常用的法律文本，涉及各种不同的句子功能和表达形式。作为典型的法律文书，商务英语合同中大多使用陈述句，表达肯定的、约束性的意思。利用陈述性的句子表达商务英语合同合作时的声明、解释、规约、判断，减少情绪化语句的应用，使商务英语合同文本的内容比较严谨，不带有主观的感情色彩。合同约定了经济行为以及违规情况的赔偿意见，具有法律性，因此在合同上没有必要再次进行情绪化地体现，而应该多使用陈述句和肯定句表达合同中被鼓励的正向行为。总而言之，多用肯定句表达肯定的和鼓励的行为，是商务英语合同文体的显著特征之一。

【示例】DELIVERY: The cargo shall be delivered on the basis CIF CY Xiamen, China, as per Incoterms 2010.

译文：交付：货物按 CIF 条款运输到中国厦门港集装箱场站交付，适用国际贸易条款 2010。

例句整体表达条理性强，很规范。

此外，大量修饰语可特定补充修饰合同具体款项，使合同内容具体明确、责任清晰，避免产生争议。

【示例】Shipment is scheduled for October/November 2019, subject to suitable vessel and/or container availability.

译文：货物装运期为 2019 年 10 月至 11 月，取决于是否有合适的船舶或集装箱。

例句中 subject to 补充和修饰了装运条款的内容。

在商务英语合同中，往往要明确约定交易的具体时间、地点、交易方式和条件，交易双方需按照合同条款约定完成各项任务。在合同中大量使用"if""in the event of""in case""provided""when"等引导的状语从句，能具体清晰地明确各项交易条款，有效解决纠纷。

【示例】If the seller delivers less than the contracted quantity, the seller may make up any deficiency in a timely manner without causing the buyer any unreasonable inconvenience or expense, but the buyer still retains the right to claim damage from the seller.

译文：如果卖方交付货物数量少于合同规定的，卖方应在未对买方造成任何不便或损失的情况下，及时补交货物，买方仍保留向卖方索赔的权力。

莫再树指出，陈述句在商务英语合同中的使用频率要比在其他类型语篇中的高得多，这归因于商务英语合同语篇的内在特殊性，即需要明确客观地陈述和规定合同当事人的相关权利和义务。合同是具有法律效力的特殊语篇，法律语言具有客观、平实、严肃等意义风格，无须情感渲染和互动询问，所以合同语言中极少使用感叹句和疑问句；另外，祈使句带有命令之义，甚至略有盛气凌人的语气色彩，所以商务英语合同中也很少使用祈使句。

（四）高频使用不定式结构和介词短语结构

有学者发现，商务英语合同中"of"和"to"的词频排序分别为第 2 位和第 3 位，仅次于冠词"the"。商务英语合同中"to"的用法有两种：一为动词不定式，可以强化交际的目的性；二为介词短语，可以对所描述的对象进行修饰和限定，从而使语言更加严谨。

（五）惯用含有两个及以上同义词或近义词的并列结构

商务英语合同中大量使用同义词或近义词并列结构对描述对象进行语义限定。这种措辞方法一方面可以排除一词多义或笼统词义可能产生的歧义问题，实现合同语言的严谨性和精确性，当然同时也牺牲了文字的流畅性，从而形成商务英语合同文体的复杂性和保守性；另一方面，由于许多并列词组属于合同用语的固定模式，例如，"term and conditions""case or proceeding"，所以也体现了商务英语合同文体的古体性和正式性。

三、篇章特征

（一）篇章结构格式化

多元文化视域下，商务英语合同语言的篇章有结构格式化的特点。换言之，商务英语合同的篇章结构有固定的规范，在标题、前言、正文等各个内容的语言表达上都具有一定的格式化特点。例如，在合同正文的编写上一般是按照标的物条款、价格条款、保留所有权条款、装运和保险条款、支付条款、商检条款、免责条款、争议解决条款和法律适用条款的格式进行，在这种要求下，国际商务英语合同的语言就会具有格式化特点。

（二）语言条理清晰化

多元文化视域下，商务英语合同语言的篇章有语言条理清晰化的特点。由于合同自身的严谨性要求，其语言表达需要具有清晰的逻辑，主要体现在相关义务和条款的语言表达上，通过条理性的罗列让其语言更清晰，方便相关人员查看，从而加强合同的条理性，使其可以更好地为交易各方提供相关服务。此外，这种条理的具体表达形式根据合同内容的不同会产生一定的变化，但总体来说都需要具有清晰的条理性。

（三）句子模式法律化

多元文化视域下，商务英语合同语言的篇章有句子模式法律化的特点。换言之，在商务英语中往往会使用一些法律化的句子，语言表达上体现出从假定到制裁的逻辑关系，将必须履行的义务和不履行所需要付出的法律责任进行实际的表述，通过法律化的语言将相关人员在什么条件下必须做什么，如果不做需要承担什么样的法律后果表述出来。

商务英语合同是一种措辞严谨的法律文件，必须词义准确、句子严密，不允许合同当事人利用文辞和句义的不确定性和模糊性来逃避责任。程式化的语篇模式已被广泛运用到各种商务英语合同中，以体现其较强的功能性和目的性。商务英语合同一般具有统一规范的格式，语言正式严谨，篇章结构完整、程式化色彩较强。其中，国际贸易买卖合同包括品质、数量、包装、运输、支付、保险、索赔、检验、不可抗力、仲裁等条款，已形成了一种完整规范的文体结构特征。合同整个语篇措辞严谨、结构清晰、语意明确，是专业化、标准化以及法律化的文件。

第三节 多元文化视域下商务英语合同的翻译

一、商务英语合同翻译需要注意的问题

（一）术语释义的选择

在翻译过程中，我们会发现很多词汇在该项目中的释义并不符合我们常规所知晓的含义。而在译前项目分析阶段，之所以没有发现这些词汇，是因为这些词汇是我们常见的简单词汇。而在商务英语合同文本中则体现出了完全不同的含义。

【示例】"Equity Incentive Plan"means the Company's plan implementing and governing the Equity Incentive Pool，as approved by the Board of Managers.

例句中的 Equity 与 pool 两个词汇。很多人在翻译时会将 Equity 译为 "资产净值"，pool 一词译为 "资金池"，但是将 Equity 放在整个词组 Equity Incentive Plan 中，译为 "净资产激励计划" 并不能使读者理解其含义。因此，在语义上会与原文造成偏离，因此这里应该将其含义改为 "股权"，这样整个词组的含义就十分明了了。而 pool 则选用了与其常规含义不同的 "基金" 一意，整个词组则译为 "股权激励基金" 更能使文章更为专业，且通俗易懂。

【示例】"Material Contracts" means any contract or commitment of the Company that involves annual future payments, performance of services or delivery of goods to or by the Company in an amount or value in excess of $250,000.

例句中 Material 一词，没有按照常规思路选择 "物质的" 或是 "资金" 方面的含义，而是选择了不太被熟知的 "重要的"。

（二）长句的断句及翻译

商务英语合同文本中常出现长句、复杂句，通常一则条款为一句话，这就会出现一句话中包含 20 词以上的情况。那句子结构就会十分复杂，要正确理解句义就得先正确划分句子结构，也就是正确断句。

【示例】"Environmental Permits" means all permits, licenses, authorizations, certificates and approvals of governmental authorities required by any Environmental Laws to be obtained by the Company or any of its Subsidiaries.

译文："环境许可证" 是指公司或其任何子公司获得的一切环境法所要求的政府机构许可证、执照、授权书、证书和批准书。

例句包含了 29 个英文单词，该句并不难断句，但其中包含的被动结构就值得思考了。其中 required by 与 be obtained by 并不好确定主语是谁，就会给翻译造成难点。而确定主语之后安排中文语序的问题又会给翻译人员带来极大的困扰。

（三）对源语言表达习惯的不同引起理解误差

基于多元文化视角，可以发现汉英两种语言的表达习惯存在极大差异，使得翻译可能出现歧义。汉语中多使用主动式，英语则相反。例如，商务英语合同中常用的 provided that，意为"在……的前提下"，译者可能误认为 provided 之前省略了某个主语。

英语常用不同单词表达产品质量或程度，汉语则习惯用更凝练的词汇。例如，"ferrum"是"铁"的化学符号全称，在英语中可以指铁或钢。如果其在合同中出现，就应该弄清其含义与"iron"和"steel"中的哪一个更相近。

总而言之，在商务英语合同翻译的过程中，语言习惯差异使译者可能产生误解。面对这种情况，在翻译的过程中通过自己的分析取得正解，再运用翻译软件建立足够的记忆库，就有可能避免一些不必要的误差。

（四）复杂语法结构下传递信息的偏差

既然英汉表达方式差距如此之大，在长难句的汉英翻译中，难度也相应增大了。英语中多用名词形容事物的特征，汉语则多用形容词。例如，"cotton of high quality"，汉语更多采用形容词，表达为"（这批）棉花质量上乘"。在语法结构更复杂的情况下，它们可能隐含较深或产生歧义，处理难度有所加大。此外，在合同内容中，为求方便，英文常用长难句概括多个条款，译者如果没有充分的译前处理，并利用翻译软件汇入结果形成永久记忆，就往往需要花费更大的精力以求得准确度，并且可能在之后出现重复劳动，造成不必要的损失。

（五）译者素质及对国际贸易术语的理解不足

当今时代，对商务英语合同的质量要求大大提升，译者要将翻译与翻译软件的便利性相结合。而经验多在国际贸易的实战中积累起来，如果缺乏相关经验，就可能对某些约定俗成的表达方式理解不足。此外，国际贸易术语解释通则（INCOTERMS）是专门用于解释国际贸易术语的国际规则，通常每十年进行一次大规模的修改，给出不同阐释。例如，"托运人"一词可翻译为"shipper"，在中文里既表示将货物交付运输的人，又表示与承运人订立合同的人。面对这些问题，如果未通过查证将翻译软件灵活运用到翻译过程中，也会产生诸多的问题。

（六）译者翻译的目的不明确

译者出现上述问题的根本原因，还是没有明确翻译目的。很多译者潜意识里仍然要一字不差地译出原文内容，然而商务英语合同翻译的根本目的在于，在不违背贸易规则和法律的情况下，实现己方的利益最大化。商务英语合同具有很多特殊之处，使翻译的难度增大。此外，当今时代的软件翻译已经日渐成熟，如果单纯按照字面意思来翻译，很可能无法创作出更好的翻译作品。同样，在将己方合同翻译给对方的过程中，如果未明确己方合同的目的，也就难以真正地解决问题。在合同翻译中，翻译软件是一种重要的提高翻译质量的工具，然而并不能完全替代人工，因为翻译软件尚不具备人的感情和处理语言的能力，一些间接的表达有可能被直接译出。因此，译者如果没有充分理解合同意图，也就没有办法用好翻译软件来实现合同翻译的最优解。

（七）译文"偏离"情况

在翻译及审校过程中发现一些典型的译文与原文"偏离"的情况。

【示例】"Confidential Information" means any information relating to the assets, prospects, products, services or operations of the Company that is not generally known, is proprietary to the Company, and is made known to a Person or learned or acquired by such Person while such Person was an officer, director, employee or independent contractor of the Company. Confidential Information shall not include information that (1) has been publicly disclosed other than as a result of a breach of an obligation of any agreement between such Person and the Company or (2) such Person received from a third party under no obligation to maintain such information in confidence if the third party came into possession of such information other than as a result of a breach of a confidentiality obligation.

译文1："机密信息"是指公司中不为公众所知的信息，包括但不限于资产信息、商机、产品信息、服务及运营情况。此类信息只可告知如下人员：官员，公司雇员或独立承包商。机密信息不包含以下信息：已公开披露的信息，但未违反本协议中的任何义务；一方已暗中从无保密义务的第三方获知的信息，而该消息并不是因第三方打破该保密协议而获得。该句为合同文本中比较常见的长句，复杂句。

例句在翻译时，不难发现在词汇选择以及中文句式的调整方面都存在困难。

其中有些词汇含义用在此处并不合适，例如，officer 一词，词典中与法律内容相关的释义为"官员"，但此合同为商务英语合同，联系上下文也并未发现与政府相关，因此可以判断该词汇的翻译存在"偏离"，根据句义应译为"高级员工"，这样才能符合企业合作的背景。第二句中，将 between such Person and the Company 意译为"本协议中"，该译文并不准确，存在概念意义上的偏离。因此应将短语如实译出，根据上文不难看出，such Person 代指可获知机密信息的人员，应译为："相关人员与本公司之间"。

因此应对原译文进行修改，调整之后的译文如下：

译文2："机密信息"是指公司中不为公众所知的信息，包括但不限于资产信息、商机、产品信息、服务及运营情况。此类信息只可告知如下人员：高级员工，公司雇员或独立承包商。机密信息不包含以下信息：已公开披露的信息，但未违反相关人员与本公司之间所签署协议中的任何义务；一方已暗中从无保密义务的第三方获知的信息，而该消息并不是因第三方打破该保密协议而获得。

【示例】Registration Rights. Except as provided in the Operating Agreement, the Company has not granted or agreed to grant any registration rights, including piggyback rights, to any person or entity.

译文1：注册权。除经营合同的规定外，本公司尚未授予或同意向其他个人或法人授予注册权，包括附属登记权。

在该句中，将 entity 一词的含义缩小了，在商务英语翻译中，Person 一词就有"实体"的含义，而 entity 的本意也正是"实体"，"实体"包括任何个人、公司、合伙公司（包括普通合伙公司、有限合伙公司或有限责任合伙公司）、有限责任公司、协会、垄断企业或其他个体或组织，包括国内或国外的政府，或其下属分支机构，或其部门或机构。因此，将该词汇译为"法人"，明显缩小了该词的词语含义范围。

因此应对原译文进行修改，调整之后的译文如下：

译文2：注册权。除经营合同的规定外，本公司尚未授予或同意向其他个人或实体授予注册权，包括附属登记权。

二、多元文化视域下商务英语合同翻译的原则

(一)忠实性原则

在多元文化视域下,商务英语合同的翻译,要遵守忠实性原则。翻译人员需要准确、清晰地表达合同中各个条款的本质和价值取向,确保商务英语合同翻译工作的专业严谨性。商务英语合同大多涉及两个及两个以上的国家、地区的经济贸易交往,因此商务英语合同中的贸易金额相对较大,这就需要明确合同各方的责任、权利和义务。在这种情况下,就需要翻译人员忠于合同的原文来进行翻译,准确地表达商务英语合同中所提到的专业术语,同时还需要做到翻译结构严谨、前后连贯,确保翻译的内容能够做到与合同原文的本质相同,这样才有利于合同各方准确了解合同条款的内容,并在经济贸易交往中真正落实合同内容。

(二)准确性原则

在多元文化视域下,商务英语合同的翻译,要遵守准确性原则。商务英语合同的翻译不同于普通英语文学的翻译,在语言表达上不需要追求辞藻华丽、文风优美,甚至不注重翻译当中特有的对于语言的二度创作,商务英语合同的翻译只要能够做到通顺有理并且词句准确即可。

首先,在商务英语合同的翻译过程当中,必须对容易混淆的词语进行区分。由于商务英语合同都是较为严肃的商用文书,因此在用词上务必做到谨慎斟酌,争取能够确保词汇表达的精确性,避免使用模棱两可的词汇使商务英语合同意义表达含混不清。

其次,商务英语合同在翻译过程中必须做到在原有文本的基础之上,将发声者的意思进行准确的表达。

最后,商务英语合同的翻译要结合不同地区的文化,避免因各个地区的文化差异而存在偏差。例如,在翻译词语"法郎"时,法郎不仅仅是法国的货币,同时也是比利时、瑞士等欧洲地区的历史通行货币,但是不同地区对法郎的表述不相同,瑞士法郎翻译为 Swiss Franc,比利时法郎翻译为 Belgian Franc,卢森堡法郎翻译为 Luxembourg Franc,这些表述随着国家和地域的改变而改变,在翻译的过程当中必须加以注意。

(三)礼貌性原则

在多元文化视域下,商务英语合同的翻译,要遵守礼貌性原则。语言的翻译是让双方之间进行沟通和交流的基础,必须通过准确的翻译才能确保双方的交流顺畅,因此只有确保商务英语合同的翻译礼貌,才能保证双方之间的友好交流,因此商务英语合同翻译要保证语言正式、温和,不可咄咄逼人、让人产生不适感,同时还应当注重使用礼貌用语,保证阅读者或倾听者的舒适感。

(四)兼顾性原则

在多元文化视域下,商务英语合同的翻译,要遵守兼顾合同风格的原则。换言之,合同的翻译应简练有层次感,确保每个阶段的法律规范和规定都非常清晰。语言风格应体现出严谨性的特点,合同中的语言不应该体现出过多的情绪性,应确保翻译过后的语言风格更加契合原文。

翻译者在翻译时,应该看到原有合同简洁而严谨的语言风格,而在翻译之后,也应该同步保留其对等特色。指明限定性的要求,对于一些常用的法律名词、行业专业术语等应该进行事先的调研和查阅。商务英语合同的翻译应兼顾合同本身的风格,杜绝情感化的、不理智的翻译内容,翻译之后的文本应该有更强的合同语言风格,能够使合作者一目了然,马上抓住合同中的重点。

(五)专业性原则

在多元文化视域下,商务英语合同的翻译,要遵守在对商务英语合同翻译的过程中,专业化的信息和文化层面的信息内容能够有助于提升商务英语合同翻译的层次感。由于不同的合同使用者所处的文化背景有所不同,为了实现合同语言的综合效果,打造功能的有效性和对等性,翻译者应在事先了解各个国家语言风俗、文化习惯、社会法治层面的差异,从而能够使商务英语合同的翻译更为得体。合同中所反映的专业信息有助于合作双方推动商务交流的高效率发展,做到语言信息的对等和顺利交流,准确地传达与商务英语合同合作相关的企业文化内容。而合同翻译所承载的文化信息有助于国际商务洽谈时,对合作者基本信息的判断、合作意图的了解等。为了更好地促进国际间商务活动的发展,需要更好地加强商务英语合同翻译的研究和实践。

（六）目的性原则

在多元文化视域下，商务英语合同的翻译，要遵守目的性原则。翻译人员需要明确商务英语合同文本的含义以及合同各方的责任、义务等。因此，在对商务英语合同进行翻译期间，翻译人员可以采用祈使句的形式，在翻译中应当把握文本的重点，强调文本的价值取向，做到简洁明了的突出文本的重点，以此来做到目的性的翻译。

（七）连贯性原则

在多元文化视域下，商务英语合同的翻译，要遵守连贯性原则。翻译人员在对商务英语合同进行翻译时，遵守翻译的连贯性原则，可以提高翻译内容的可读性和流畅性。针对这种情况，翻译人员需要根据该文本的核心和价值取向准确翻译出文本中所提到的词语，否则，可能造成无法正确交货的情况以及损害卖方的权利义务。

三、多元文化视域下商务英语合同翻译的策略

在商务英语合同文本中，合同双方为了保障自身的权益，明确双方的职责，保障商务活动的正常开展，在合同中设定了较多的内容，再加上英语的语法习惯，不可避免地存在一些冗余信息。在多元文化视域下，翻译人员在进行商务英语合同翻译的过程中，需要针对商务英语合同的特点，采用相应的翻译策略，保障商务英语合同文本翻译的合理性，促进商务活动有序开展。

（一）提高译者专业水准和翻译质量

众所周知，在商务英语合同特殊性的影响下，一旦翻译人员专业术语出现不准确现象，就极容易出现严重的法律或经济后果。也就是说，如果术语的规范性缺失，极容易对贸易的发展与交流造成影响，从而加大社会经济成本。

译者专业水平的高低，主要体现在专业术语的翻译是否准确这一方面。术语翻译文本的质量与该术语的理解之间的关系是紧密联系、密不可分的。在术语翻译过程中，一旦术语选择出现失误，就会使原文的内容出现被动曲解的现象。所以术语的质量和整理情况，已经成为评价翻译人员翻译质量的重要准则之一。在

翻译术语过程中，对翻译人员而言，应清晰认识该领域的本族语和外语术语集，一般来说，单个术语，为所属的术语集的一大影响因子，而各国的术语集的区别性较大。所以译者应加强术语学知识和专业知识的学习，高度掌握专业领域的本族语和外语术语集。除此之外，在从事术语翻译活动前，译者应自主加强术语学基础理论的学习，对术语的词汇类型予以明确，充分认识到术语学在术语中的形式要求、语义要求等作用，避免出现初术语现象。将理论术语学的原则、术语规律落实下去，已经成为从事商务英语合同翻译活动的重中之重，因此译者要不断增强自身的翻译能力，以便于后期整理和规范术语的工作的开展。

1. 补充相关术语学和术语管理知识

术语学科基本知识在英语学科中具有表示专业术语工作的方法、研究专业术语的理论的含义。在研究商务英语合同翻译的过程中，应高度掌握术语学的基本知识，促进术语翻译的实践工作的顺利进行，并为术语翻译中出现问题的解决创造优势。在翻译学习中，应加强术语学基础知识的紧密融合，在术语学理论教学中，应对术语与词汇进行合理区分，并明确术语的定义方式等。

总的来说，要想促进商务英语合同翻译的顺利进行，应加强译者对术语管理知识的学习，确保译者翻译水平稳步提升。翻译工作者，应基于专业视角对术语翻译单位进行了解，并基于术语工作者视角对术语单位予以明确认知，同时加强当前术语管理资源的灵活运用，以便更好地提升翻译水平。

2. 记忆专有名词

商务英语专业词汇中有很多代表固定含义的缩略词语，例如，COD，也就是Cash on Delivery，不能将其直接翻译为"交付中的现金"，其真正的含义应当是"货到付款"。再例如，FOB，即Free on Board，不能翻译为"在岸上的自由"，而应当解释为"离岸交付"。这些词语都是商务英语专有名词，它们都有自己特殊的含义，不同于普通的语言表达，因此，译者想要准确翻译商务英语合同，就必须加强专有名词的记忆，翻译者在工作之余要多加积累和掌握，保证翻译的准确性。此外，商务英语合同翻译还要注意对固定短语的记忆，例如，venture capital是风险资本的意思。

3. 查找专业术语翻译资源

要想将翻译查询的准确性发挥出来，必须提供充足的相关术语翻译资源。通常来说，在专业文献翻译人员使用工具时，术语翻译词典得到了广泛应用，例如，《法律术语翻译》《牛津法律术语小辞典》具有较强的参考价值。同时应加强网络资源的应用，网络为查找、翻译专业词提供了极大的便利性，与查找纸质的词典进行对比，其便利性、时效性较强。官方的翻译不容忽视，尤其是国际组织的术语，其中，国际组织翻译团队扮演着突出的角色，对此可以参考官方的术语翻译。

（二）尊重文化差异

在不同的语言文化背景环境下，形成了截然不同的语言体系，造成了对外贸易、涉外经济活动中的语言障碍。

在多元文化视域下，针对中西文化差异给商务英语合同翻译带来的影响，商务英语合同翻译人员，首先，树立跨文化意识。在日常学习、生活和工作中，积累、把握中西方文化存在的差异性，包括差异的具体表现、差异形成的条件等，在日积月累中提高自己的跨文化交际能力和商务英语合同翻译能力。

其次，要培养跨文化翻译的意识。不同的国家和地区之间，文化因素也有差异，这些差异我们或许会了解，但也可能不了解，可能我们要表达的是这种意思，但在另一种文化环境中却是另一种意思，所以，要正确地理解交际双方所在的民族文化中特有的语言行为功能、非语言行为功能，了解其价值标准，正确地解决商务活动中的跨文化交际问题，实现中西方文化交流中最佳的跨文化交际。

最后，商务英语合同翻译人员既要熟悉商务英语专业知识和英语语言特点，还要注重商务英语合同翻译过程中文化敏感性的培养，也就是跨文化意识的培养，尽量让其中蕴含的文化信息对等传递。因此，商务英语翻译人员必须对文化因素保持必要的敏感性和谨慎的心态。例如，"七匹狼"的翻译，"七"在英语国家的意思是大吉大利，根据西方文化翻译成了 7-wolves，而不是 Sept-wolves。再例如，"拳头产品"，不能翻译为 fist products，在西方文化中没有这一词汇，所以，换一种更清晰的表达方式，或者将它理解为 "literally means like a clenched fist"，以此提高翻译的精准性和表达的对等性，减少文化差异对商务活动造成的不利影响。

（三）明确应用情景

语境应用的专业性，是商务英语的最大特点，也正因如此，一些普通英语中的词汇应用于商务英语合同中，就有了特定的含义。情景语境，能够对商务英语合同翻译人员词义的理解起到提示作用。由于语言文化环境的不同，词语在复杂的语言场合下隐含了很多因素，这对词义的理解非常不利。所以，要想准确地理解词义，需要联系词语既定的语言情景。

第一，可以转换为目的语的思维确定含义，例如，"We sell cheap quality goods."需要应用汉语思维进行转换，翻译为"我们销售的商品物美价廉"。

第二，根据词性确定其所传达的意识。例如，"He gets a 10% commission on everything he sells."需要结合词性来进行翻译。

第三，根据具体的语境确定词语本身的含义，主要采用转译的方法进行翻译，将不同的词性放置在不同的语境中进行翻译的转换。例如，将形容词转换成名词再进行翻译，将名词转换成动词再进行翻译。

不过，商务英语合同翻译人员在基于情景语境进行翻译时，要做到翻译简洁明了，语义完整准确，长难句转换成简单句、烦琐重复句进行通顺化整理。

（四）注重实际应用能力的培养

商务英语合同的纲目、细则等为其基本文体格式，所以在用词方面，必须确保高度的准确性、严谨性，且具有清晰规范的条理。要想确保翻译商务英语合同的质量和水平能够稳步提升，遣词造句应与文体要求相一致。在实际上，学习翻译理论是非常有必要的，同时也要使译者对翻译技巧的作用予以明确化，充分认识到翻译理论和翻译技巧在商务英语合同中所处的地位与角色，在翻译商务英语合同过程中，既要高度重视翻译语境，也要紧密融合具体业务环境等。

一般来说，文章文体的不同主要体现在其语言表达方式之中，再加上英汉不同的表达方式，因此应加强译者翻译应用能力的培养，确保其合同译文的准确性、规范性，养成良好的术语意识。

【示例】 It is not allowed to change any structure of the building without the written consent of the owner. If the tenant makes any approved changes, he will not only be required to hand over the ownership of the building to the owner at the end of the said period, but will also be required to rehabilitate the building at his own expense.

译文：在没有获得业主书面同意的情况下，不允许改变该楼宇的任何结构，如果租户须进行任何已获准的改变,在所述期届满后,不仅需要向业主移交楼宇所有权,还需自费修复大厦。

(五)灵活运用翻译技巧

对于译者而言,应提高专业性的重视程度,借助有效的翻译基本技巧,从而实现知识在商务英语合同翻译中的紧密融合。

1. 顺序翻译法

商务英语合同的翻译具有很强的实践性,推敲商务英语翻译时的一些专业性原则,可根据上下文之间的关系,准确地用词,提升其翻译的正确性和严谨性。译者需掌握合同应用的法律背景、企业的所属领域等,借助引申性原则,保证商务英语合同和汉语语种间冲突的化解。商务英语合同翻译是指在进行商务翻译时,根据一般语序原则,对商务合同进行翻译。由于法律合同有自己固定的格式,因此在合同的翻译中要考虑合同自身的法律名词和企业所属领域的专业术语,按照顺序翻译的方式整合翻译的结果。商务英语合同的翻译要具有更强的实用性,不能随意加入情感性的或不确定性的词汇,而是应按照本身的顺序原则,找到确定性的翻译因素。商务英语合同中,复杂的专业术语采用顺序翻译法,能够保证本身翻译的完整性,不会产生因专业性不强所造成的歧义。

2. 逆序翻译法

商务英语合同文本中的部分句子会比较长,这在法律文本中非常常见,由于跨文化因素的影响,长句子对于中国人来说存在着理解困难的问题。逆序翻译法可以把一个很长而且很难理解的句子逐字拆分,按照每小段的拆分意思进行语序的调整。当然逆序翻译法的意思并不是非要将商务英语合同的文本采取倒叙的形式翻译,而是要把多个小段的句子语气进行合理化的调节之后,整理商务英语合同中的语句,探讨语言文本语句词序不一致的地方,从而进行合理化的改变。这样做的目的是能使一些比较长或者比较难以理解的句子理解起来更加顺畅。逆序翻译法通过整合语句,呈现出与原来词语较为不一样的地方,但是这种顺序的改变,恰恰迎合了语言文化之间的不同之处,使得翻译的结果更加符合功能对等原则。翻译过后的商务英语合同不存在费解之处,能够言简意赅地使人明白合同中约定的内容或限定性的条款,从而快速做出商务反馈。

3. 动态翻译法

动态翻译法是目前商务英语合同中非常常用的一种翻译方式，这种翻译方法借鉴自商务英语本身的翻译潮流，特别适用于商务英语合同中涉及的较强专业化领域，由于很多国际贸易的产品都具有专业性，因此，动态地理解商务英语合同中的概念迎合了国际贸易产品专业化和动态化的变化，并涵盖了国际贸易经济快速发展和变动的趋向。这种动态的翻译与现代国际语境和固定语言用法之间的联系比较密切，特指的是商务英语合同中的书面语翻译。对于合同的翻译不能采用口语化的方式，如果出现语义方面的不协调，则可能会影响商务英语合同翻译的专业性和准确性。合同的翻译应采用动态的翻译方法，秉承忠于原文的原则，针对以往的商业合作历史加以回顾，同时还要适应现代商业领域的一些新的变化。商务英语合同的翻译，同样有自己独特的语言，语义呈现出多变化的特点，适应新时期经济发展步调的要求。

4. 增词翻译法

在商务英语合同冗余信息的翻译中，有些英语词句的翻译与汉语习惯不相符，翻译人员需要在保障冗余信息意义的基础上，适当添加翻译内容，使翻译的词句符合汉语读者的习惯。常用的增词翻译策略包括意义词语的增加和语法词语的增加两种，翻译人员需要根据冗余信息的内容选择合适的增词翻译策略，使英语文本中的冗余信息得到精准传递。

例如，在某商务英语合同冗余信息中用"a party"对商务英语合同双方的违约状况进行阐述，该词组中的"a"为冠词，属于限定词，是商务英语合同中的词汇冗余信息。在正常的英语翻译中，"a party"主要被称为"一方"，结合"a party"在商务英语合同中的上下文，为了保障商务英语合同冗余信息的完整性，确保商务英语合同的翻译内容准确明确合同双方的权益与职责，翻译人员将"a party"翻译为"合同任何一方"，这样就使商务英语合同冗余信息的翻译更为精准合理，为汉语读者明确合同内容提供帮助。

5. 压缩翻译法

在商务英语合同翻译过程中，存在一个英语单词表达多个意义的现象，英语使用者习惯将多个同义词叠加应用，以此提升商务英语合同的表述准确性与严谨性。在进行这类冗余信息的翻译时，翻译人员可以通过压缩翻译法，将多个表达同一意义的单词进行压缩翻译，简化商务英语合同的冗余信息。例如，在进行某商务英语合同的翻译时，存在"sole and exclusive"这一词组，两者均为"唯一的"含义，属于近义词冗余这一类，翻译人员在进行商务英语合同内容的翻译时，将两者进行压缩翻译，均译为"唯一"；某商务英语合同用"terms and conditions"描述合同中的条款与规定，两者均译为"规定"和"约定"，是法律用语中常见的保障严谨性的内容。因此，在进行冗余信息翻译时，翻译人员通过"条款"一词表示两个单词的意义。

6. 转换翻译法

从本质角度而言，商务英语合同属于法律文书，其行文特点和法律文书有较多的共同点，这使得商务英语合同中存在较多的被动句，虽然被动句能够保障语言表达的正式性和客观性，但是被动句式并不符合汉语的行文习惯与阅读习惯。在多元文化视域下，针对商务英语合同中存在的这类信息，翻译人员可以应用转换翻译法进行文本翻译，在保障词句意义不变的基础上，将商务英语合同的语态进行适当的转换，使其更符合汉语读者的阅读习惯，提升译文的可读性。以某商务英语合同中应用的"shall be entitled to"这一词组为例，该词组其意义为"被赋予……权利"，是指句子的主语被谓语角色赋予一定的权利，但是在汉语的行文习惯中，并不采用这种描述方式。翻译人员将这一词组翻译为"有权"，使其更符合汉语读者的思维习惯，提升译文的流畅性。一般来说，英汉两种语言在句法和表达方式等方面差异性突出，要想确保商务合同翻译的准确性，应积极运用转换法，确保合同的译文的通顺性、规范性得以实现。

在翻译技巧中，转换翻译法也具有较强的应用价值，可实现向汉语合同的另一成分的顺利转变。其中，英语中的名词向汉语的动词的转变比较常见。

【示例】Rockets play an important role in exploring the universe.

译文：火箭在探索宇宙方面发挥着重要作用。

转翻译法，在商务英语合同的翻译中非常适用。在使用转换翻译时，主语转换为谓语是非常重要的，但是其转换的前提条件是原文的主语为动作性的名词。

【示例】The seller must deliver the goods within the stipulated time incase the buyer cancels the order.

译文：卖方必须在规定时间内及时交货，以免买方取消订单。

7. 省略翻译法

在商务英语合同翻译过程中，针对英语语法中与汉语读者阅读习惯不相符的内容，翻译人员可以采用省略翻译法保障信息的精准翻译。一般来说，省略翻译策略主要用于翻译信息中表述累赘、不会对合同中心思想产生影响或者可有可无的内容。

在应用省略翻译法进行翻译时，翻译人员需要根据商务英语合同的整体内容，分析信息中的累赘内容及可有可无内容，有针对性地进行冗余信息的省略，避免商务英语合同的翻译出现内容表述不完整等问题。在省略翻译法的应用下，商务英语合同的内容更符合汉语读者的阅读习惯，还能够在保障商务英语合同严谨性以及准确性的基础上，简化合同内容。

8. 重复翻译法

合同双方为了保障合同内容的完整性，确保读者能够准确理解合同文本的内容，时常会出现语义冗余现象。针对这一现象，翻译人员可以通过重复翻译策略，重点强调冗余信息表达的内容，提高合同双方对冗余信息的重视，保障商务英语合同的严谨性与完整性。

例如，在某商务英语合同中频繁出现"Services"这一单词，"the Services""such Services"以及"all Services"等。"Services"的重复出现使其成为商务英语合同的冗余信息，为了提高合同双方对"Services"的重视，翻译人员在进行整句翻译时，重复表述了"服务"的内容，实现冗余信息的完整准确传达，这有助于商务英语合同翻译质量的提升。

第五章　多元文化视域下的商务英语信函翻译

商务英语信函贯穿国际商务活动的始终，商务英语活动的各个环节都离不开商务英语信函，尤其随着互联网技术的发展，商务英语信函已经成为商务交际的主导方式。本章分为商务英语信函概述，商务英语信函的语言特征，多元文化视域下商务英语信函的翻译三个部分。主要包括商务英语信函的范畴及功能、结构、格式及常见类型，商务英语信函的词汇、句法、语篇等的特征，商务英语信函的翻译原则、翻译策略及翻译方法等内容。

第一节　商务英语信函概述

一、商务英语信函的范畴及功能

（一）商务英语信函的范畴

商务信函是一种特殊的信函，商务信函既有普通信件的一般特征，又有公务信件和法律文书的双重属性。在商务活动中，商务信函的使用非常广泛，在商务联络、商务交流、商务沟通和商务洽谈等商务活动中都要应用商务信函。

从专业角度来说，每个行业都会有商务往来。只要有商务往来就会有商务信函，通过商务信函进行商务沟通和商务交流是必不可少的。

从商务贸易的流程来说，贸易双方通常会选择商务信函进行询价、商品订购、发盘、还盘、签订合同等，这时商务信函就为贸易双方正式联络、沟通和洽谈提供了平台，贸易一方也能从商务信函中得到准确、正式的产品性能、产品价格、商品装运等方面的信息。商务信函的正确使用，不但可以促进贸易双方的交流，还可以树立良好的商业信誉，维持长期的商务关系。

因此，商务英语信函指以服务于国际商务活动内容为目标，集实用性、专业性和明确的目的性于一身，为广大从事国际商务活动的人们所认同和接受，并具备较强社会功能的一种英语文本。商务英语信函往来是国际商务活动的重要组成部分，是通过邮件等手段进行的文字形式的商务对话。就信函交际内容来看，它涉及国际商务事务的各个方面，包括建立业务关系函、询盘与复盘函、推销函、询问函、订购函、催缴信用证函、邀请函、投诉函等。

（二）商务英语信函的功能及特点

商务英语信函是一种人们在国际贸易中常用来处理商务事宜以及联络和沟通关系的信函或电子文书。现如今，科学技术高速发展，商业竞争日益激烈，商业贸易领域的信息交流变得越来越频繁和重要，同时，随着全球经济一体化进程的不断加快，跨国商务活动也更加频繁，因此人们需要一个更加高效的方式来进行信息交换，商务英语信函因为其简洁明了的风格、高效便捷的特点逐渐成为国际贸易活动中最常被使用的交际手段之一，甚至衍生出函电英语。

需要注意的是，与普通英语不同，一些常见的词汇在商务英语信函的语境中通常有特定的含义。比如：balance 在信函中除了表示常用含义"平衡"，还可以表示"账户余额"；offer 则表示"报盘"；accept 除了表示"接受、同意"，还有"承兑"的意思；advice 通常情况下被翻译成"通知"，而非"建议"；draft 不再表示"草稿"，而是有"汇票"之意；claim 除了表示"声称、断言"，在信函电中还有"索赔"之意。还有一些短语也被赋予了新的含义，比如，in favor of 不再是"有利于、支持"，而表示为受益人。在商务英语信函中，为了方便表达，缩略语的使用也十分普遍，最常见的是首字母的缩略，比如，到岸价 CIF（Cost Insurance and Freight）、关税贸易总协定 GATT（General Agreement Tariff Trade）、信用证 L/C（Letter of Credit）、离岸价 FOB（Free on Board）等。

商务英语信函作为商务人士传递信息、达成交易、完善关系的重要媒介，代表公司的形象，也反映个人的能力。随着时代的发展，多媒体和数字媒介兴起，商务英语信函形式一直在发生变化，但是其内容和格式并没有发生较大变化，其简洁高效的特点没有变，人们在进行商务英语信函写作时对礼貌原则的注重也没有变。

二、商务英语信函的结构

一般情况下,各国或区域英语商务信函的结构大体相同,由三个主要部分组成:开头、主体和结尾。

(一)开头部分

开头部分主要由以下几部分构成:①信头——发信人公司的名称、地址、电传号码等信息;②写信日期;③封内地址——收信人公司名称和地址;④称呼。对于开头部分的问候语,需要尽量多积累一些常用的问候语,这样才能在每次的商务英语信函中不会千篇一律,如以下示例中的信函开头部分:

【示例】How is everything going recently?

How are you these days?

Thank you for your kindly inquiry.

Sorry for late reply about your last enquiry.

Glad to receive your inquiry dated 1st, July.

(二)主体部分

主体部分主要由正文组成——信函的主要内容。主体部分首先表达出本信函想要陈述的事实内容,针对性地提出一些问题并表达出自己的建议或者看法。

【示例】In your last email, you once mentioned that one of our goods packages was broken during the long time transportation.(陈述事实内容)

【示例】Firstly we must apologize for the mess taken to you by this matter and we will surely try to solve this problem soonest for you.(表达态度)

【示例】Could we solve this problem for you by following suggestions please?(针对问题提出建议)

商务英语信函主体部分主要用到平时的一些商务英语固定表达,主体部分也比较能体现出写作者的商务英语信函的写作和表达能力。主体部分的表达,就要针对不同的商务目的,采用与之相关的商务英语专业词汇、固定词汇搭配以及商务英语固定表达规范,从而使商务英语信函主体比较顺畅。

（三）结尾部分

结尾部分主要涉及结尾敬语（书信结束时的礼貌用语）和签名（写信人的署名）两个方面的内容。结尾部分一般是表达期望收到对方的回复或者期望对方尽快反馈意见，结尾大多用礼貌的敬语然后署上自己的名字和具体联系方式等。为避免过于单调，平时也需要尽可能多地积累一些常用的商务固定结束语表达。

【示例】Your prompt reply will be highly appreciated.

Awaiting for your kindly confirmation.

Looking forward to hearing from you.

Any positive feedback will be highly appreciated.

Thanks & Best regards.

以下是商务英语信函的例文。

【示例】Dear Sirs,

Glad to learn that you are an experienced importer of light industrial products.

We have specialized in exporting light industrial products for many years. Our products enjoy high popularity in European market. We therefore take the liberty to writing to you, with the hope to establish good cooperation relationships with you to push the sales of our products in your market.

Looking forward to receiving your early specific enquiry.

Thanks & Best regards.

XXX

【示例】Dear Sirs,

How are you these days?

Glad to receive your proforma invoice of order NO.103 but much to our regret that your price is higher than our expected, could you check again please?

Please find attached our target price for each item and reply us about your decision. Awaiting for your kindly final confirmation.

Thanks& Best regards.

XXX

以上商务英语信函开头和结尾部分都使用了常用问候语与礼貌结束语的

表达，并且展示了几组固定商务表达规范，please find attached——通常在商务信函中有附件的情况下使用，much to our regret——表示对某种情况非常遗憾，proforma invoice——形式发票，final confirmation——最终确认，表达希望尽快得到最终回复，一般是在快要确定商务订单合同时出现。

三、商务英语信函的格式

尽管各国的商业信件在格式上有所差别，但在实际应用中，商务英语信函的格式基本相同。

（一）缩进式

地址及其他需分行的地方，下行比上行缩进 2~3 个英文字母，在商务英语信函的右上端写上日期，在商务英语信函的中间偏右下方签名，商务英语信函的正文部分每段开始一般缩进 5 个英文字母，段与段之间采用双行距。缩进式商务英语信函的格式如图 5-1 所示。

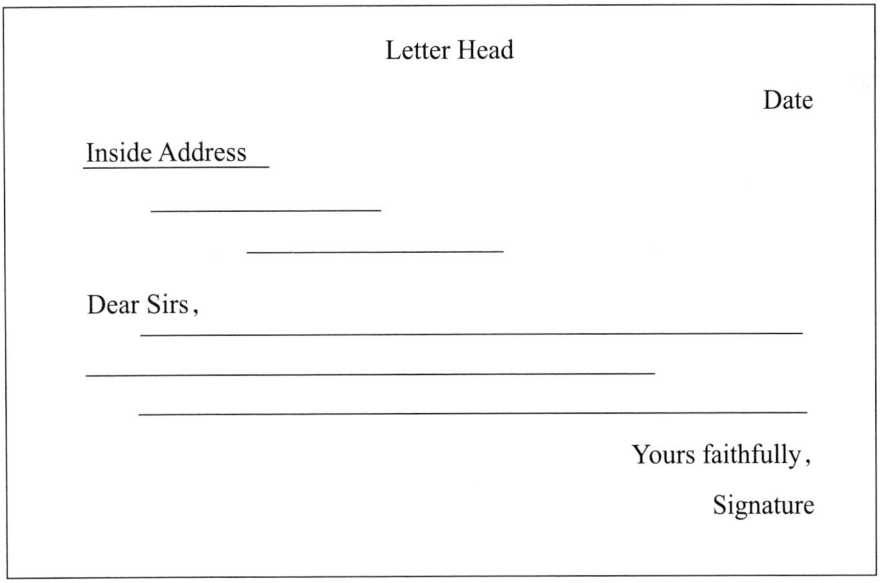

图 5-1　缩进式商务英语信函

【示例】Dear Sir/Madam,

Glad to know that you're interest in our batteries, we have specialized in this field for over 10 years.

We are the original manufacturer of Lithium Battery with max safety and performance. Also we can customize the products individually for you. If you need 48V 100Ah Lithium Battery or any other batteries, please contact us. We will provide competitive price, and more details information.

Best Regards!

（二）半平头式

半平头式又称为"半齐头式"，这种信函格式也是商务英语信函中常用的格式之一。如图 5-2 所示。

```
                        Letter Head
                                                    Date
        Inside Address
        _____
        _____

        Dear Sirs,
                _____
        _____
        _____
        _____
                                            Yours faithfully,
                                                Signature
```

图 5-2　半平头式商务英语信函

【示例】Dear Sirs,

Thank you for your kindly inquiry dated 1st, July, please find attached our best quotation of the bearings you needed.

Enclosed please also find several photos of our packages for your reference. Awaiting for your kindly reply.

Thanks & Best regards.

XXX

（三）平头式

平头式又称为"齐头式"，这种信函格式具体是指每段均从左边开始，每行对齐。如图 5-3 所示。

```
                        Letter Head
                                                    Date

        Inside Address
        _____
        _____

        Dear Sirs,
        _____
        _____
        _____
        _____

                                            Yours faithfully,
                                            Signature
```

图 5-3 平头式商务英语信函

【示例】

Dear Sirs,

Thank you for your kindly inquiry dated 1st, July, please find attached our best quotation of the bearings you needed.

Enclosed please also find several photos of our packages for your reference. Awaiting for your kindly reply.

Thanks & Best regards.

XXX

写作外贸英语信函除必要的英语语言基础外，还应掌握一定的写作技巧。商务信函写作有其自己的语言特色和表达习惯。根据商务信函要表达的沟通目的，每封商务信函的表达方式也是不一样的。比如，有的信函是为了开发潜在客户，想和对方建立合作关系；有的是因为价格问题和客户磋商；有的是为了船期延误或者包装损坏等对客户进行赔偿等。不管双方之间怎样沟通，终极目标都是使两方之间的交易顺利进行并获得利益。商务英语信函经常使用一些固定的表达，比如，"we would appreciated""it would be appreciate""we would be glad to""In view of the above please""We shall be glad"等，商务英语信函结尾句如"随函附……请查收"常见表达有"Enclosed please find""We now have the pleasure of enclosing""please find attached the file"等，记忆并熟练运用商务表达规范、深入了解信函的格式会对写作技巧提高有帮助。在对商务英语词汇进行扩充学习基础上，主要通过每日一句商务固定表达规范，强化学习商务英语格式要求，扩充掌握商务英语固定表达规范，运用比赛巩固商务表达规范等来提高商务英语信函的写作技能。

四、商务英语信函的常见类型

（一）商务英语业务函

1. 建立业务关系函

商务活动的主要目的是商务双方建立业务关系，介绍双方公司的基本情况、业务性质和范围、公司产品资料、寄送样品等信息，尤其是首次业务信函的发出，语言表达上要礼貌得体、言简意赅、切中要点。这样才能为商务双方将来的业务合作打下坚实的基础。

【示例】Dear Sir,

It's wonderful news that you've decided to give us at Citadel Pigments your business. I appreciate all the time you've taken over the past several months to consider us and whether our products and people could meet your company's needs. I'm thrilled that you've chosen us. Thanks for being our advocate throughout the decision-making process.（建立信任 / 事由）

Now that it's clear we'll be working together, I'd like to set up a meeting with you and anyone else at Pittsburgh Quality Paints who's likely to be involved in the relationship with us.（介绍意向与重要细节——介绍意向）

Of course, working with you directly will be great, but we're also realistic that your day-to-day responsibilities as Coo will demand a great deal of your attention. I'd like to get to know all the other people at your company who will be making decisions.（介绍与意向相关的重要细节）

It will be helpful to meet some of the personalities behind the squares on your organizational chart.（介绍该意向的价值）

Perhaps you and I can meet over coffee sometime next week to talk about the various people who should be involved in the larger meeting I've proposed. I'll give your office a call to set up a time.（征求反馈）

Once again, thank you for choosing to do business with us. I'm looking forward to a rich and rewarding partnership.（礼貌结尾）

Yours

在该信函的"建立信任/事由"中，作者连续使用了6个情态语法隐喻表达式"It's wonderful news that""you've decided to""I appreciate""to consider""I'm thrilled that""you've chosen"，非常谦虚、礼貌地表达了对方公司要与作者建立业务关系的决定和作者对于此决定的热诚期待。

在"介绍意向与重要细节"中，作者一共使用了7个情态语法隐喻表达式，"Now that it's clear that""I'd like to""likely to""Of course、will be great""we're also realistic that""It will be helpful to"，礼貌、明确地表达了对此业务关系的肯定以及想要与对方公司相关管理层进行洽谈的意向。同时，在该信函中，3个语气语法隐喻表达式的使用进一步加强了作者想要与对方公司管理层洽谈的意愿和作者的礼貌态度。这3个语气语法隐喻表达式分布为：用陈述语气"I'd like to set up a meeting with"来间接地表达"Let's set up a meeting"的命令意义；用陈述语气"Of course, working with you directly will be great"来委婉表达"You must work directly with me"的命令意义；用陈述语气"It will be helpful to meet some of the personalities"来间接地表达"Let me meet some of the personalities"的命令意义。

在该信函的"征求反馈"之中，表达"可能性"的情态语法表达式"Perhaps"，表达"倾向性"的表达式"I've proposed"与"I'll give your office a call to"以及用陈述语气来传递"命令"意义的表达式"you and I can meet"，这四个表达式被作者同时使用，委婉地表达了想要与对方本人进行当面洽谈的意愿。

在"礼貌结尾"之中，"倾向性"情态语法表达式"choosing to"委婉地呈现了对方公司对于建立业务关系的倾向。同时，"倾向性"情态语法隐喻表达式"I'm looking forward to"与"用陈述语气来传递命令意义"的语气语法隐喻表达式的并用，谦虚地表达了作者对于建立业务关系的渴望。

2. 订货函

在商务活动中建立业务关系之后，就要实施商务合同中的内容，商务合同中的购买方要购买商品或服务，就会向合同卖方提出购买产品的订货信函。在商务英语订货信函中，买方要准确、清楚地表达出所购买产品的详细信息，例如，产品名称、规格、数量、价格、交货方式与日期、包装等。

3. 索赔函

在商务贸易中，若卖方在履行商务合同过程中出现一些诸如产品质量、交货日期等问题，从而使商务合同中的买方因收到的产品有质量问题、没有按照合同约定的日期收到货物等蒙受损失，商务活动中的买方就会向卖方要求索赔。此时就会用到索赔函。

4. 理赔函

商务活动中的卖方收到买方的索赔函后，要对索赔信息进行及时处理，严肃对待买方所要进行索赔的事项，在自己确实存在过失的情况下发送理赔函，表达以后避免此类事件的发生。即使责任不在卖方，也要表示出积极配合调查的态度，促进商务双方的合作持续存在。

除了上述常见的业务函以外，还有询盘函、发盘函、还盘函等信函类型。这些都是商务英语业务中商务活动的双方进行产品、服务相关信息的了解、答复与修改时的常见信函。

（二）商务英语社交函

商务英语社交函主要包括邀请函、祝贺函、感谢函和道歉函。商务活动中，一方对对方的正式邀请、非正式邀请以及电话或口头邀请，都可以通过邀请函实现；通过祝贺函可以增进商务双方的联系、促进商务双方的合作；感谢函也是商务活动中常见的一种信函类型；可以通过友好、亲切的书面感谢函加深商务双方的感情。

【示例】Dear Ms. Chen,

We are glad to be your new franchise. This is to introduce Mr. Clinton, our new marketing director who will be in New York from July 6th to late July on business. We shall appreciate any help you can give Mr. Clinton and will always be pleased to reciprocate.

【示例】Dear Mr. Smith,

Thank you for letting us know Mr. George's visit in December 9th. Unfortunately, our deputy manager Mr. Wang is now in Osaka and will not be back until the first half of January.

I am looking forward to your reply soon.

第二节　商务英语信函的语言特征

一、词汇特征

（一）礼貌措辞

在商务英语信函中经常使用礼貌客气的措辞。礼貌的信函能够体现商务工作者的文化素质，树立企业的良好形象，给商务双方创造一个友好的氛围，有利于贸易双方确立进一步贸易关系。

（二）多用对方态度

商务活动中考虑问题要站在对方的立场上，考虑商务合作的目的及感受，充分了解商务对方的文化、习俗和礼仪，尊重和体谅对方。商务英语信函代表了公司的形象，站在对方的立场，进一步了解对方遇到的问题，可促进商务合作的顺利开展。

因此，商务英语信函中多用第一、二人称代词，尤其是第二人称代词。"you"

和"your",这体现了商务信函语言的互动特色,即交互性,而通用英语更多使用"she""her""he""him""it"等第三人称代词,叙事性较强,这种"You-attitude"的言语表达体现了语言经济性原则中的"言语生效准则",即发挥言语调节功能,优化配置言语投入方式,站在对方立场说话,辅以积极的语气,可以改善听话人的心理状态,使其更容易接受写信人的观点。

(三)语法隐喻词

商务英语信函中情态语法隐喻化动词及情态语法隐喻化形容词高频使用。李雅颖和赵小红发现,在商务信函中,表示主观取向的情态语法隐喻动词的使用频率非常高,如"hope""suggest""recommend""advise""appear""think""trust""believe""assure"等。其中,情态价值较低的动词"hope""suggest""recommend""advise""appear"常见于还盘信函、贸易磋商信函、请求信函、建立贸易商务英语关系信函之中;情态价值较高的动词"think""trust""believe""assure"常见于产品销售广告信函、报盘信函、签订销售合同信函之中。前者除了可以帮助书信人表明观点之外,还有助于达到委婉礼貌的交际目的,后者可以帮助书信人明确观点,强化责任。此外,商务英语信函作者通过大量使用表达意愿的谓语形容词来实现表示感谢、请求、满意、道歉等具体的言语功能,突出了商务英语信函的鲜明的人际意义特点,如"be anxious to""be confident to""be willing/pleased to"等。另外,在拒绝函、索赔函、投诉函等商务信函中表达责任、义务的情态语法隐喻性形容最为普遍,如"be supposed/obliged to"等,这种用法可以使书信人淡化自身观点,增强话语客观性和维护自身利益。

(四)模糊措辞

商务英语信函中常使用模糊措辞,这种模糊措辞不同于词义的歧义,融合了词汇内涵的可塑性、有限性和外延的模糊性、无限性,采用这种方法可以表达弦外之音,也可以留回旋的余地。例如,冲突类商务英语信函常使用模糊限制语、情态助动词或情态副词等一些较为委婉、礼貌和积极性的词汇,这在很大程度上能够缓和语气。"hope、wish、inferior、broken、improper、loss、trouble"等诸如此类的动词、形容词和名词的使用也有助于以一种较为礼貌的语气来传达不愉快的消息。

(五)缩略词

在商务英语信函词汇特征方面,高莉敏和刘金龙认为,商务英语信函文体中专业术语种类繁多,如"shipping advice"在装运信函中的意思为"转船通知"而非"装船建议","discount"在外贸函中意为"折扣",但是,在银行业务函中意为"贴现",在证券交易函中意为"证券售价低于票面价值",在外汇业务函中表示"贴水"。另外,在商务英语信函中缩略语用法也非常普遍,如"CIF"(Cost, Insurance and Freight)到岸价、"T/L"(Time Loan/Total Loss)定期贷款或全损、"C/O/D"(Cash on Delivery)交割支付等。

刘永厚和王园认为,商务英语信函中专业术语、缩略语的使用是语言经济原则中"经验能量共识准则"的体现。缩略词是业内人士所熟知的约定俗成的表达方式,它的高频使用源于商务活动对效率的追求。写信人运用约定俗成的缩略词既可以增强语言的简洁性,又可以在有限的篇幅内传递更多的信息,节省写作和阅读的时间。

二、句法特征

(一)复合句和陈述句

在商务英语信函中经常大量使用复合句和陈述句,复合句的使用可以体现信函风格的庄重性、结构的严谨性、逻辑的清晰性,将业务进展的各种条件、方式和结果完整地表达出来,更好地维护双方的利益。商务英语信函在叙述、解释和说明业务时,经常使用陈述句,很少使用否定性的表达。

例如,冲突类商务英语信函,将坏消息放在复合句或复杂的语句中,这样读者的注意力就会被句中积极的部分影响,不会集中于消极的部分;禁止使用以"你"开头的否定性表达,并应将其转化为不直接指责对方的第三人称指示语或被动语态,以缓解对方的紧张情绪,挽回对方的面子;以 we 作为主语能够更好地缓和语气,从而避免冒犯他人,而且此类信函中陈述句出现的频率最高,祈使句出现的频率较低。

(二)并列结构和被动结构

商务英语信函中经常使用并列结构,这使信函信息表达得更加完整和确切。

在商务英语信函中，主动语态的表达会使文章清晰流畅，但在表达请求建议或在强调对方应尽的责任或义务时，人们通常会适当使用被动语态，因为用主动句表达有命令的感觉，过于直接。被动语态强调动作的对象或动作本身，而不是动作的执行者，因而显得礼貌许多，缓和了双方的气氛，使对方更容易接受。

【示例】① You promised to deliver the goods before July 30th.

② The goods were promised to be delivered before July 30th.

示例中，①句使用主动语态，直接地指出对方的问题，显得有些生硬。相比较之下，②句将谈论的货物作为主语，巧妙地弱化了对方的责任，让人感觉更加温和、礼貌。

（三）情态语句

商务英语信函中的情态语句表达式具有非常高的使用频次，而且与商务英语合同和通用英语相比，呈现出明显的超用特征，尤其是情态语法隐喻表达式。由此，商务英语信函的意义风格要更加委婉、谦虚、礼貌。

商务英语信函中的情态语句表达式分别为如下几种：

① （I/We）look forward to（用陈述语气表达命令意义）。

② （I/We/you）would like to（用陈述语气表达命令意义）。

③ （I/We）hope（that/to）（用陈述语气表达命令意义）。

④ （Please）let me/us know（if/when/what/whether/how）（用祈使语气表达"疑问"意义等）。

⑤ "（Would/can/will do）you" "（Can/will/should）I/we"（用疑问语气表达命令意义）。

⑥ （take/have/give/welcome the）opportunity to。

⑦ （I am/We are）pleased to。

⑧ （I am/We are/you are）interested in。

⑨ （I/We）would（be）appreciate（d）。

⑩ （I/We/you）wish to。

⑪ （I/We/you）consider。

⑫ （I am/we are）（not）sure（that）。

通过对这些语句表达式进行分析和归类，发现其具有两大特征。第一，这些高频情态语句表达式 90% 为显性主观取向，高频表达式大多为包含投射小句的表达式，它们都具有较强的主观性、委婉性及礼貌性。第二，在上述这些高频情态表达式中，有的表达式包含商务英语信函主题词"forward""hope""opportunity""pleased""interested""appreciate""let"。这意味着这些超用的表达式所建构的"主观""委婉""间接""礼貌"等也自然会构成商务英语信函的区别性意义特征或意义风格。

"（I/We）look forward to"是信函中使用频次最高的情态语句表达式。它对于信函文体意义风格的建构功能主要体现在两个方面：一方面它可以帮助作者向对方明确表达自己显性主观的倾向性意愿，以便让对方能感受到作者的热忱；另一方面，它还会引起隐喻的发生，即用陈述语气来表达"命令"意义，而不是直接用语气较硬的祈使语气，从而建构信函文体的含蓄、间接、礼貌的意义风格。由此，作者便委婉、礼貌地向对方表达了想要进行磋商、洽谈的真诚意愿。从句法意义效果来看，该表达式在信函中的高频使用会促使它所蕴含的隐喻意义得以凸显，从而建构信函的"主观性""委婉性""礼貌性"等意义风格。

表达式"（I/We/you）would like to"是信函中第二高频情态语句表达式，表达显性主观的倾向性意义。虽然该句法在委婉程度上不及显性客观取向的情态表达式，但是它更具信息传递的迅捷性，能更好地满足目前国际市场上频繁的信函交际的需求。另外，从语义内容来看，该句法通常表达的信息多为作者（说话人）想要采取的一系列行动。这种既简洁又礼貌的句法更能让对方快速解读作者（说话人）的目的，让人感到真诚、礼貌。所以，它在商务英语信函中的高频使用可以建构商务英语信函的"真诚""礼貌"的意义风格。如下面例句所示：

【示例 a】If possible, we would like to have two copies of your review within three weeks.

【示例 b】If we can, please give us two copies of your review within three weeks.

在本句中，由于要给对方的行为加上时间限制，三周内投递两份文件，因此若选用示例 b 祈使句来表达这一命令或请求的话，势必会给对方的面子带来威胁。为了避免破坏对方的面子和更好地协调人际关系，作者从情态系统中选择了"（I/We/you）would like to"这一句法，既迅捷又真诚、礼貌地向对方表达了这一诉求。与此同时，该句法还用陈述语气来表达"命令"意义，语义效果更加委婉、客气。

表达式"（I/We）hope（that/to）"是信函中第三高频的情态语句表达式，表达显性主观的倾向性或责任与义务含义。值得注意的是，其中"(I/We) hope (that)"的用法是含有投射小句的显性主观取向的情态表达式。在礼貌程度等级上，含有投射小句的句法创造了更大的符号和社会距离，在语义风格上更为委婉、礼貌。另外，该句法也通常用陈述语气来表达"命令"意义，因而建构了更加间接、委婉的人际意义。

表达式"let me know (what/when/if/how)"是信函中非常高频和特别的表达式。它所建构的人际意义类型有两种：一是通过祈使、命令自己来表达"疑问"意义，二是通过祈使、命令自己来表达对读者（听话人）的"命令"意义。从语义效果来看，这种用法的语气非常强硬，会严重威胁读者（听话人）的面子甚至破坏人际友好关系。但是，该句法非常特别，虽然是祈使语气，但祈使、命令的对象转为了作者（说话人）自身，因而可以用自谦的方式来保护对方的面子，协调人际友好关系。如下面例句：

【示例 a】Please let me know if this works for you.

【示例 b】Does this work for you?

【示例 a】Please let me know if you can offer me a discount on this large purchase.

【示例 b】Offer me a discount on this large purchase.

这两个例句 a 中的语气意义虽然都是由"Please let me know if"所建构，但二者明显存在差别。示例 a 为用祈使语气来表达"疑问"意义的用法，通过祈使、命令作者（说话人）自身来表达疑问，询问对方这个方案是否可行。示例 b 比较特别，用祈使语气来表达"命令"意义，没有发生语气意义上的转移，但是通过语义分析我们会发现，该句法通过将祈使、命令的对象转为作者（说话人）自身表达了对读者（听话人）的"命令"意义，即"以命令自己来间接命令他人"。

商务英语信函中，情态语句的运用，更能显示出信函文体的主观性、谦虚性、含蓄性、礼貌性等意义风格的功能。

（四）虚拟语气

信函是一种用来沟通的文件，信中的语言可以表现出双方的态度和意愿，因此，人们青睐于在信函中使用虚拟语气，有时为了体现礼貌，常使用虚拟语气来告诉对方一些直接说出来可能会伤了和气的话。虚拟语气在不同的语境中隐含着不同的含义，需要仔细分析上下文，了解写信人真实的意图。

在商务英语信函中，语气的变换也会产生不一样的效果。当表达某种建议、请求或意见时，虚拟语气能够更委婉地表达出说话人的意思，有利于双方在平等友好的氛围中进行更深一步的交谈。

【示例】If we had not received such a large order, we could not have quoted for products at that price.

要不是我们接到这么大数量的订单，我们不可能给这些货物这么低的报价。

三、语篇特征

商务英语信函具有相对完整和程式化的语篇格式或语步。商务英语信函语篇通常采用的格式为平头式、半平头式和缩进式；内容包括信头、参考编号、日期、信内地址、注意项、称呼、事由、正文、信尾敬语、签名、抄送、附件、附言等；正文部分主要包括引言、详情、应答、结语四个板块。商务信函完整的格式体现了信函作者向对方表现出来的礼貌和尊重。刘永厚和王园认为商务信函的这种高度程式化的篇章结构体现了语言经济原则中的"从众准则"，使说话人在配置语言资源时有规则可依，实现言语效用的最大化。

商务英语信函在表达不同性质的信息时，应采用不同的篇章结构。商务英语信函的篇章结构一般包括直接式结构（在传达令人满意或中性的信息时使用）和间接式结构（一般在传达令人不愉快的信息时使用，避免伤害对方，从而不影响双方业务的往来）。语篇层面上，为了减轻对读者的负面影响，例如，冲突类商务英语信函可以采用间接法来重新构建话语。间接法包括铺垫、中立陈述、原因阐释、坏消息引入、善意结尾，即将所要表达的坏消息置于段落中间。

第三节 多元文化视域下商务英语信函的翻译

一、商务英语信函的翻译原则

商务信函是商务活动中不可或缺的一部分，多元文化视域下商务英语信函的翻译要遵循简洁、流畅、准确、礼貌得体的原则，译者要从收信人的角度和立场来考虑译文，要让收信人感觉到写信人的诚意。不同文化视域下，人文和习惯也会有所不同，译者作为写信人和收信人之间的桥梁，除应该在商务活动中起到连接双方的作用以外，还要稳固商务活动双方的贸易联系。

（一）简洁准确性

多元文化视域下商务英语信函的翻译，要坚持简洁、准确的原则，用言简意赅的译语方便、高效地进行商务沟通与交流。商务英语信函翻译还要准确无误地了解写信人的意图，了解写信人对商务活动中的具体问题的态度、立场等关键信息，在进行翻译时尽量与原文风格一致，注意英语长句的翻译方法，将长句按特定的事情发展顺序来拆分进行翻译，必要时还要增加或省略一些词语。

【示例】We regret we can't ship as you desired, because the ship is not big enough to take all goods once.

很抱歉，我们不能按你们的要求装船，因为船不够一次性装下所有的货物。

在商务英语信函翻译中，我们会直接说出不能做的事情，也会直接叙述我们不能完成这件事的原因。比如，在与美国商务贸易沟通的时候，如果我们使用和中国人或者是和日本人进行交谈的方式，也就是委婉地、迂回地表达我们不能按照这样的方式装船，但是支支吾吾不说清楚原因，那么对方会认为我方办事不力，连不能装船的原因都不能确定，和这样的人合作就岌岌可危了。因此，商务英语信函翻译中就要言简意赅地表达真实的情况。

【示例】We invent a new material to mix with the original material.

我们创造出一种新兴的原料用以和原来的原料进行混合。

翻译这句话的时候，invent 的译法就和国家的文化息息相关了。在英美这样的乐天派国家，我们的译文是创造。因为这些国家的享乐主义会使他们首先想到这个单词好的一面，也就是褒义的一面。但并不是所有的国家会将这个单词理解为创造，在有些享乐主义指数较低的国家，可能会将词语习惯性地理解为贬义词的意思。就需要我们提前了解该国的文化价值观，在此只列举了享乐主义这个价值观方面，还需要了解如何翻译才能使对方正确理解我们所要表达的意思。

（二）礼貌得体性

多元文化视域下商务英语信函翻译也要坚持礼貌得体的原则，这也是商务英语信函翻译的基本要求，要做到翻译得体、慷慨、谦虚，还要使翻译具有赞誉性、一致性和同情性。由于受宗教、文化、社会制度等多方面的影响，人们用来表示礼貌、体谅交往原则的语言呈现一定程度的不对等性，需要翻译过程中对源语和目的语的礼貌原则进行比较，然后达到功能对等。

在国际贸易谈判与商务洽谈中，双方在对问题进行讨论时均会提出一些意见，很多时候双方会出现意见不一致的情况，其中一方如果直接地否定对方可能会挫伤对方谈判的兴致，造成尴尬的局面，甚至造成贸易关系的破裂。因此，人们常常用礼貌得体、委婉的语言来削弱负面的语气。

【示例】I am afraid we have given you the best terms as never before.

恐怕我们已经给你们前所未有的最大优惠了。

示例中用 I am afraid 委婉地表达了我方已经提供前所未有的优惠条件，不能够再降价了，让人较易接受。

【示例】It seems to me that there is no much difference between the styles of the two products.

在我看来，这两种产品的款式没有太大的区别。

示例中，句首的"It seems to me that"使得说话方在表达意见时语言更加得体，让对方更加易于接受。

【示例】We do not deny that the quality of your products is better than others, but your price is not as reasonable as we thought.

我们不否认你们的产品质量比别人的好，但是你们的产品价格并不像我们想象的那么合理。

示例中，说话人没有直接回应对方的报价，而是先就对方的产品质量表示肯定，这样便缩小了商务谈判双方的分歧，为下一步谈判的顺利进行提供了条件。

总的来说，在商务交流过程中，交易双方难免会遭遇对方理解的偏差或行动的失误，如果一味地指责、批评、打压或反驳必定会伤害到对方的面子，造成双方的贸易关系难以维持的局面。这时，商务交际双方可以采用礼貌得体、委婉语巧妙地指出问题，提出相关的建议，达到与对方进一步交流的目的，这有利于双方的合作关系进一步发展。

二、商务英语信函的翻译策略

多元文化视域下商务英语信函的翻译，要基于商务英语信函的语言特征进行，在翻译时，要使用书面、地道的商务语言，还要注意商务英语信函翻译的细节，做到商务信函翻译的专业和完美。多元文化背景下的商务翻译中，信函翻译要强调译文在内容和文化上的准确，根据商务信函的类型、风格和交际功能，使翻译的译文在风格和功能上与原文对等，还要要求商务英语信函翻译内容准确、形式规范、语气礼貌得体，了解文化背景，了解语言的差异、文化背景的差异，符合目的语的文化习惯。译者在进行商务英语信函翻译时要遵循以下两个方面的策略，才能翻译出符合多元文化的翻译成果：

（一）准确、严谨地传达原文信息

多元文化视域下商务英语信函用词严谨、规范，经常使用大量专业术语、缩略语和古体词，也包含一些外来词等。如 coverage（险种，险别）、draft（汇票）、ceiling（最高费用）、offer（报价）、status quo（拉丁语中的"现状"）、CIF（到岸价）、FOB（离岸价）、irrevocable Letter of Credit（不可撤销信用证）；古体词，即 here/there+ 介词构成的复合词，如 here in，there after 等。此外，有些普通词汇在商务英语信函中有商务专业词义，因此在翻译的时候译者必须熟练掌握专业术语的意思和用法。

【示例】We shall email to inquire about the ceiling for the propaganda program.

我方将发电邮询问该宣传项目的最高费用。

【示例】Would you please kindly inform us of the coverage you would like？

能否告知我方关于贵方希望的险种？

【示例】Payment must be made by bank draft drawn on a UK bank.

付款必须用英国银行承兑的汇票。

上述示例中的 ceiling 被译为"最高费用"而不是"天花板"；coverage 被译为"险种"而不是"覆盖"；draft 被译为"汇票"而不是"草稿"。倘若这三个词被直译为该词的普通含义而非商务英语专业含义，读者就会一头雾水，不知所云，商务活动也就无法得以顺利进行。译者应了解专业术语的翻译并规范使用，从而准确传达原文信息，达成商务贸易目的。

(二) 符合信函的文体特征

商务信函具备的要素包括信头、案号、日期、封内地址、敬语、签名等，多元文化视域下的商务英语信函由于语言的不同，商务英语信函格式有一定的差别，如地址、时间的位置是不同的。所以译者在翻译的时候要根据目的语文化表达习惯做出一定的调整，使译文符合目的语格式规范。

此外，多元文化视域下商务信函翻译还要符合公文文体特征，多使用书面语表达，应正式、庄重，避免使用广告体和口语体。对于某些约定俗成的套语，译者可以直接使用目的语表达习惯。

【示例】We are looking forward to hearing from you soon.

盼早日赐复。

目的语译文不是复制原文。如果译者按照字面意思将上例直译为"我们希望尽早收到您的回复"，那么，译文不仅显得啰唆，且不符合书面语的要求，口语色彩较浓，显得不够正式。"盼早日赐复"不仅简洁明了，也更符合中文信函文体特征。

三、商务英语信函的翻译方法

多元文化视域下商务英语翻译既受多元文化的制约，又能充分反映多元文化，虽然商务信函是商务活动中的一小部分，但是每封信函在商务活动中都能起到至关重要的作用。站在收信人的立场，揣摩写信人的写作意图，尊重多元文化的不同风俗文化，尊重文化的多元性，丰富文化的多样性，正确运用翻译方法，才能译出满意的作品，促进商务交流。

(一) 意译法

多元文化视域下，英语和目的语语言商务信函在表达习惯上存在差异。这就要求英语商务信函根据目的语的商务习惯进行意译，这样翻译才会易于理解。

【示例】Your favorable information will be appreciated.

静候佳音。

从上例中不难看出意译的必要性：可以灵活处理语言差异，使信息完善、语气对等。

（二）拆译法

商务英语信函多使用长句，因此多元文化视域下商务英语信函的翻译的拆译法必不可少。其中的独立短语和从句都要求转换成独立句。有时英语主体句子过长，而汉语句子的表达善用短句，因此就要用拆译法来满足汉语使用者的表达习惯。

【示例】We look forward to your quotations for the arts and cafts which we are interested in.

我方对贵公司的工艺品很感兴趣，期待报价。

该句是一个完整的带有定语从句的句子，在翻译成中文的时候使用了拆译法，使句子表达得更加清楚。如果按照直译法则应该表达成"我方期待贵方对我方感兴趣的工艺品报价。"这样的表达，一是不符合汉语长句的表达习惯和行文结构，二是在意义的传递上含糊其词，信息重点不突出，影响交流。

第六章　多元文化视域下的商务英语广告翻译

多元文化视域下的商务英语广告能够引发消费者的购买欲望，扩大销售渠道，促进经济效益提高，广告语言作为一门语言与传播艺术，已经成为现代社会语言传播的主要手段，在这样的背景下，商务英语广告翻译也愈加受到重视。商务英语广告翻译需要将源语言的文化背景移入目标语言当中，使目标语听众理解并接受，从而实现商品文化价值与商业价值的互利共赢。本章分为商务英语广告概述，商务英语广告的语言特征，多元文化视域下商务英语广告的翻译三个部分。主要包括商务广告的定义，商务英语广告的构成和功能，商务英语广告的词汇和句法特征，商务英语广告翻译的原则、策略和方法等内容。

第一节　商务英语广告概述

一、商务广告的定义

通常对广告一词的解释是"向公众介绍商品、服务内容或文娱体育节目的一种宣传方式，一般通过报刊、电视、广播、网络、招贴等形式进行"。

广告有广义和狭义之分。广义的广告包括非营利性的公益广告和营利性的商务广告，狭义的广告，仅限于营利性的商务广告。商务广告具有真实性、思想性、规范性、目的性、科学性和艺术性的特点，其设计是由设计师们根据产品内容和大众品味，运用科技和艺术手段制作出的商品，在销售和传播过程中，不仅起到了吸引消费者的作用，也能体现出其中的艺术价值和品牌理念。商务广告以盈利为目的，是一种为企业或个人获得福利的媒介。一般会在广告中介绍产品外观、工艺、价格等信息，从而激发受众的消费欲望。

商务广告同时具有文化功能和社会功能，是服务于社会的一种经济现象，其传播的内涵需符合社会人文精神和当代人们的思想、道德和文化观念。商务广告可以分为产品广告、劳务广告和声誉广告。产品广告的用途是利于销售，在产品广告中需要体现商品信息，起到提升经济效益的作用。劳务广告，也称为服务广告，用来宣传公司的服务项目。声誉广告，也称为公关广告，用来提高品牌知名度，引起人们对品牌的关注，加强受众对品牌的好感度，让其他合作公司了解品牌内涵，需要在广告中体现出品牌的起源与发展、经营思想、销售策略和品牌定位等企业信息。品牌内涵、设计理念等，经过商务广告的传播都会不经意渗透到社会中，对人们的思想和行为产生一定影响，所以，商业广告的影响力远大于品牌产品自身的竞争力。

二、商务英语广告的构成

商务英语广告一般由标题、正文、口号、附加部分等组成，但有时各部分可以独立出现。

（一）标题

标题是商务英语广告的核心，位于广告的醒目位置，能够快速引起受众的注意，并诱发购买行为。一则广告的生成有多条规则限制，其中，时间限制和空间限制最为显著。作为企业向消费者传递信息的"传话筒"，商务英语广告制作者须深谙消费者心理，这样才能"知己知彼，百战不殆"。如何使商务英语广告在最短时间内脱颖而出，标题的重要性由此凸显。

标题的成功与否直接关系到一则广告的成败。若一则广告标题能成功打动消费者，就能引起消费者继续阅读的兴趣，从而更加了解产品。因此，广告制作者在苦心孤诣遣词造句的同时，更会在辞格上大做文章，力求广告标题新颖独特。标题是"广告之眼"，标题脱颖而出是广告能够成功的重要法宝。

（二）正文

正文是对广告标题的阐释以及对商品或服务的详细介绍，阐述广告所宣传的商品或服务的优越性、特点，以激励消费者从速购买。正文有着明确的信息性和劝说性，其中必然也会使用部分辞格。

（三）口号

商务英语广告中的广告语、主题句、中心词、标语等都可以称作广告的口号。广告口号要能够长期反复使用、简明扼要，还要能够表现广告中宣传产品的特性，体现企业文化，广告口号还要朗朗上口。

（四）附加部分

广告附加成分主要由商标、商品名、公司地址、公司电话等文字信息构成，进一步补充说明广告的内容。商务英语广告中的附加部分根据广告宣传的特点和目标受众进行选择。

第二节　商务英语广告的语言特征

现代生活中，广告作为一种特殊的文化载体已经和我们的生活紧密联系在一起，当我们翻开报纸杂志、打开互联网、收听广播甚至走在街头时，都在有意无意地接收着广告信息。广告作为一种具有社会语言特性的独特题材，是一种集文学、美学、语言学、心理学、社会学、广告学等学科于一体的艺术性语言。商务广告在语言表达形式上具有极其鲜明的个性，文字间行文工整，押韵对仗，音节间节奏感强，音韵和谐，带给人们一种耳目一新的创造氛围感，可以达到经久不忘的效果。商务广告作为一种宣传手段，其价值与作用在如今快速发展的互联网文化中仍没有落伍褪色，依旧是当今社会有效的营销手段和文化交流的重要工具。

一、商务英语广告的词汇特征

商务英语广告的特性决定了广告文本中的词汇选择要更加凝练，更加与广告形象匹配。所以在商务英语广告中经常会使用形容词词性的词汇来美化产品和企业形象，或者使用一些创新词来彰显广告语的审美，让受众更容易产生联想，从而引领时尚的潮流。

（一）不定代词的使用

消费者普遍存在着从众心理。商务英语广告巧妙地利用了这一心理，常通过

everyone、all 等表示"全体"范畴的不定代词的使用，展现产品的普遍使用性或独特的优势。

【示例】Give a Timex to all. to all a good time.（手表广告）

【示例】None is more amazing than Alba Quartz.（钟表广告）

（二）动词的使用

商务英语广告中使用一些动词，例如，be、make、feel、let、keep 等，给人以紧迫感。这些动词简单明了、富有节奏感、朗朗上口，也是日常生活中使用率颇高的、表达意义明确的词语。

【示例】Just do it ——耐克（Nike）

Keep moving ——安踏

Ask for more——百事鞋

Build the belief——安德玛（Under Armour）

（三）人称代词的使用

商务英语广告中还会使用不同的人称来抒发情感。

第一人称代词将说话人包括在内，一般用第一人称代词表示，包括第一人称单复数形式。在特定的上下文中，它的含义，即其指称的内容是确定的。第一人称代词的使用可以使受众产生语用移情。第一人称通常用来代指广告语发出者，运用这一人称，可以和读者直接进行交流，使商品更人性化。

第二人称代词常被用来表示广告信息的接受者，从而在虚拟空间中营造出与广告受众及时互动的氛围。第二人称代词的广告语通常指的是消费者，不论站在说话者的角度还是站在受话人的角度，这样类似于双人之间一对一的交流更能让人产生一种亲密、真诚的感觉。第二人称一般用来泛指读者，在商务英语广告的宣传中，广告语发出者虽然没有办法与受众群体进行直接交流，但是可以通过广告语中"你"的使用，直接分配给受众群体一个参加交际的角色，"你"的使用把读者引入具体的场景中，使读者在阅读过程中不知不觉地把自己同广告语篇中的"你"等同，增强交流效果。

广告语中的第三人称指示语具有一定的排他性，通常不包括受话人和说话人，而是指商品本身或是其他与会话有关的人。值得注意的是，专有名词、称谓名词也属于第三人称指示语。商务英语广告中第三人称大多是用来指代商务广告所宣传的产品，这类广告语都是以产品为中心去具体地介绍自己的产品。因此这类广告语大多是属于直接传递信息的说教型，在主客交流方面没有优势，很容易让顾客产生距离感。实际上在广告语中使用第三人称的情况较为少见，主要是由于第三人称指示语的使用会增加语用离情的效果。

例如，在体育广告中，传达的价值观是积极向上、勇敢坚毅，在商务英语广告中使用人称代词易使人产生与传达观念匹配的联想，不怕困难的体育精神并不是遥不可及，战胜艰险的人可能就是"我"，也可能就是"你"，或是身边的"他"或"她"。

【示例】I am what I am——锐步（Reebok）

He who loves me follows me——卡帕（Kappa）

I can I could——美津浓（Mizuno）

If you really want it, living your dream——耐克（Nike）

（四）形容词的使用

形容词具有开放性的特点，主要用来修饰名词和代词，具有丰富文采、增添感染力、使句子更加惟妙惟肖的功能。正是由于形容词的这些功能特点贴合了商务英语广告语言扣人心弦的要求，因此其使用频率颇高。此外，商务广告的促销性质决定了具有积极意义的褒义形容词在商务英语广告的选择上占绝对优势。

【示例】Mizuno means serious performance——美津浓（Mizuno）

Be cool be converse——匡威（Converse）

Forever faster——彪马（Puma）

二、商务英语广告的句法特征

在商务英语广告中，同样的信息通过不同的语言形式产生不同的信息重量，从而达到不同的劝导效果。商务英语广告中无论书面形式还是口语形式都包含了四种句类：陈述句、疑问句、祈使句、感叹句。在商务英语广告中，陈述句舒缓、平铺直叙，是追寻客观叙事语境效用的最优句式，疑问句具有间接表示"推荐""邀请"的意思。大部分商务广告会运用铺叙的手法，偶尔运用疑问句形式，可以给人耳目一新的感觉，从而唤起受众的好奇心，引发受众去思考。祈使句是表示命令、禁止、请求的句子，在商务英语广告中，祈使句的使用频率较高，它通过直接与受众对话的方式拉近与受众之间的距离。感叹句可以激发受众特定的情感，这些感情充沛的广告语牵动着受众的敏感神经，使受众对产品产生向往之情。修辞语法在商务广告中的使用率是极高的，使用修辞手段可以增强广告语的艺术表现力与感染力，有达意传情、劝服受众的作用。在广告中借助各种修辞手段，可使内容变得更加具体、更加生动形象、易于理解，从而引导受众产生联想实现最优的修辞效果。

（一）简单句和省略句的使用

相较于长篇累牍的广告，人们更愿意接受简单明了、开门见山的广告，加之广告费用非常高，所以广告语一般采用简单句，少用复合句，采用省略句，简化次要成分，突出关键词句。简单句是叙述说明事实的句子，它在阐述类商务广告中出现的频率相当之高，主要是因为它可以准确地传递广告包含的信息和品牌蕴含的理念，故而用陈述句来实施阐述行为是十分常见的。

【示例】Introducing FITNESS magazine. It's about health, it's about exercise, it's about your image, your energy, and your out-look.（FITNESS 杂志）

If you really want it, you will push back pain. Use it, Control it. If you really want it, living your dreams. If you really want it ? learn from the fails, learn how to win.——耐克（Nike）

You were fooled. When I dunk that wheel, when I end up NBA scoring championship, twice. You were fooled. Because you believed that was about me. While I believe. It takes five. But you are not fooled, are you? ——阿迪达斯（Adidas）

这三则商务广告，没有节外生枝的复合句，句型结构简单，每则几乎都是由简单句构成。此外，在省略句的使用中，商务广告中省略的部分，可以是主语、谓语、宾语等，省略句用词干练，使广告语直观达意。

（二）疑问句的使用

疑问类言语行为是以某个命题为中心，说话人就此提出疑问，让听话人给出相应回应。疑问句一反平铺直叙的陈述方式，其反问语气能够引起重视，激发人们的兴趣,把消费者心态由被动转为主动。

商务英语广告的本质是宣传性广告,发布广告语也是为了推广自己的产品,所以即使在这个过程中出现了疑问句,其目的并非是索取某些信息,而是为了让受众的注意力转移到广告信息,或者激发受众对广告所表达的主题内容的好奇心。

(三)祈使句的使用

为了增强广告的宣传效果以及说服力,商家在广告中经常会使用祈使句来表达请求、建议、敦促等内容,从而迎合消费者的消费需求,激发消费者的购买动力,这是陈述句无法比拟的。

【示例】Let you in a world of wonder: Pictorial of Science.

让你生活在一一个奇异的世界里:Pictorial of Science。

这是一则《科学画报》(Pictorial of Science)的广告,寥寥数语便使万千世界呈现在读者的眼前,读来令人神往。

【示例】Get the feeling.

身临其境。

本例是《运动画报》的广告,该广告仅由三个词构成,但祈使句的效果却使该广告极富感染力。

【示例】Come and sit with me a while.

过来和我坐会吧。

这是一则景点广告,该广告以拟人的修辞手法带有请求的口吻进行宣传,体现出该景点的内在美感,富有亲和与温柔之情,令人神往,读者看完这则广告会有难拒其盛情邀请之感。

(四)修辞格的使用

修辞格,简称"辞格",也称"语格""辞藻""藻式""辞式""修辞方式""修辞手法""修辞方式"等。辞格的作用在于对语言进行润色和修饰,不同辞格具有不同的表达效果,辞格的发展进程与人类语言进程相伴而行。辞格类型多样,常见辞格有比喻、拟人、对照、夸张、排比、顶针、仿拟、双关等。辞格在上古汉语中就已运用,至今仍极具生命活力。修辞的重要性历来为国人所重视,甚至被认为是治国安邦的重要武器。汉代刘向就曾强调过修辞的重要性,刘向认为,如果一个人语言能力和文采不够，这样的人不能被任用。紧接着，他又以郑国外交家子产和东周大夫王孙满为例，指出他们的成功都得益于自身的斐然文采和能言善辩。辞格的巧妙使用，更是让他们说理清晰、论证有力，让他们的说理论证如虎添翼。而在西方，修辞的艺术能追溯到古希腊和罗马时代。那时的学者致力于探究如何使用语言技巧应对公开演讲和辩论活动，更由此产生第一个明确在语言技巧方面建构自己理论的派别——智者学派。因而修辞虽不是其研究目的的产物，却是直接产物。

准确而巧妙地运用修辞，不仅可以增加商务英语广告语言的艺术魅力，而且可以使商务英语广告语言更加生动、富有感染力，更能吸引受众注意。

1. 比喻辞格

"比喻就是打比方，是用本质不同又有相似点的事物描绘事物或说明道理的辞格"，比喻是商务英语广告言语行为中最为常见的修辞方式。比喻用某些有类似特点的事物来比拟想要说的某一事物。商务英语广告中使用比喻辞格，往往是用浅显、具体、生动的事物来比喻干涩、抽象、难以理解的事物，力求达到贴切和生动的效果。

【示例】Look like a beauty, train like a beast.——露露乐蒙（Lululemon）

【示例】Father of All Sales–15% to 50% off.

特大甩卖，全场八五折到五折

在英语中，"父亲"（father）通常被用来代称大河大江，如密西西比河就被称为"the Great Father"或者"Father of the waters"，"Father Thames"就是英国的泰晤士河。而在汉语中，"父亲"没有这样的隐喻，在以农耕文化为主的中国，水为生命之本，我们会将河流视为孕育天地的母亲，因而就有了"母亲河"。这一广告利用了当地的文化背景，以一种夸张的比喻来描写打折的力度，翻译时译者需要了解这样的文化指代，不拘泥于字面形式，采用释义的方法将原文广告的信息传达清楚。

辞格的恰当使用能给商务广告增添音韵美。广告是一种语言，是一种由企业向消费者传递的商业语言。广告标题是广告内容的凝练和核心，其目的在于抓住消费者眼球，便于消费者记忆。通过在广告标题中巧妙运用叠韵、叠字、顶针等修辞格，让消费者在了解产品的同时感悟其中的节奏感和韵律美。例如，华为

nova8这款手机的散热功能是其区别于其他手机的关键之一，3D石墨烯散热膜的使用，可迅速感应到升温区域，并即刻降温。因此，不论看视频、摄影还是玩游戏，都能让用户持续感受到舒适的体验。如何将这一散热功能巧妙传达？华为广告制作者机智地在一则广告标题中连续使用比喻、叠字两种修辞手法。"散热能手，冷静上手"。首先将其比作"散热能手"，强调这款手机强大的散热功能；其次"手"字的叠用让这则广告标题读起来朗朗上口，富有节奏感和韵律美。

2. 对偶辞格

"结构相同或基本相同、字数相等、意义上密切相连的两个短语或句子，对称地排列，这种辞格叫对偶"。商务广告语中运用对偶，可以增加受众的记忆，给人醒目、悦耳之感。辞格的恰当使用能给广告增添结构美。结构是广告的外在体现，会给消费者留下第一印象，因而至关重要。广告工整匀称会给消费者带来视觉享受，从而更易吸引他们的关注。若将对照、对偶等辞格应用到广告中，更能达成此目的。例如，M1芯片是首款专为苹果Mac打造的芯片，不同于传统芯片，这款芯片涵盖160亿个晶体管，且集成诸如中央处理器、图形处理器、神经网络引擎等众多组件。M1芯片的使用令MacBook Pro功能格外强大，且能有效提高消费者使用体验，这款芯片的创造与应用无疑为Mac打开一个新世界。如何将这款带有专属芯片的Mac推荐给消费者，第一时间吸引消费者的注意力？Apple广告制造者巧妙应用对照这一修辞手法，创意性地提出"small chip, giant leap"这则广告。通过一组名词性短语的相互照应，"small"与"giant"相对，明确传达了这款芯片体积娇小，但功能强大，为Mac开启新世界这一信息。

【示例】Discover your potential. Design your future.——锐步（Reebok）

Sound mind, Sound body.——亚瑟士（Asics）

3. 双关辞格

"利用语音或语义条件，有意使语句同时关顾表面和内里两种意思，言在此而意在彼，这种辞格叫双关"。双重含义中，言外之意才是要点。在商务英语广告中，利用单字或词组的多重含义，或相同类似的发音，来达到言在此意在彼的目的。在商务广告语中巧妙地运用双关修辞，可以增添情趣，使文案含蓄委婉或生动幽默，令人回味。

4. 排比修辞

"把结构相同或相似，语气一致，意思密切关联的句子或句法成分排列起来，使内容和语势增强，这种辞格叫排比"。排比是把结构相同、相似，意思密切相关的词语或句子成串排列的一种辞格。排比可以加强商务广告的表达效果，增强广告的语势和语言节奏感，从而给消费者留下深刻印象，广告语中使用排比的功能可以概括为"增文势"与"广文义"，排比句语气一贯、节奏分明，可以增强广告语的韵律美。

5. 比拟修辞

比拟的辞格是将人比作物、将物比作人，使被描述的对象具有人的思想感情、行为、动作或具有物的形态、特征和动作。比拟可以令广告语言具有生动、形象的特点。

【示例】Air moves you——耐克（Nike）

Shoes are the best spokesperson——新百伦（New Balance）

6. 夸张修辞

夸张手法常常在商务英语广告中使用，能在一定程度上突出产品的优点，在消费者心中树立产品的良好形象并引导消费。例如，国外某款化妆品的宣传广告"Look young; in only 2 weeks!"（今年20岁，明年18岁），这句广告语的翻译就灵活运用了夸张的修辞，对爱美、希望自己永远年轻的广大女性来说具有很强的吸引力。再以某香水广告语为例，"Famous-brand perfume spreads fragrance for as long as century"（名牌香水，飘香百年）的翻译也运用了夸张修辞的手法，强烈表现了香味持久、扩散性特点。

辞格的恰当使用能给广告增添形象美。形象美，即通过恰当使用修辞格，赋予广告生命与活力。比喻、拟人、通感等修辞格的使用，不仅可以使广告传递的内容更为准确，也会让其变得更为生动、形象，从而更能吸引消费者的阅读兴趣，达到宣传产品的目的。例如，苹果watch系列5广告中就巧妙应用了拟人这一修辞手法。这款手表最显著的特色就是"This watch has a display that never sleeps"，Always-On视网膜显示屏可以让用户随时看见时间和表盘。将手表拟人化，不仅可以增添广告的趣味，让这则商务广告读起来新奇有趣，更是赋予这一产品生命，同时向消费者传递这一信息：无论何时，这款手表都会像家人、朋友般陪伴在你的身边。拟人修辞手法的应用给这则商务广告增添了形象美，更是从消费者角度出发，设身处地为消费者着想，满足了他们的需求。

辞格的恰当使用能给广告增添内涵美。若一则广告徒有外表，实则并无内涵，经不起推敲，这样的广告只会给人留下短暂印象。古往今来，悉数成功的广告口号、标题，无一不内涵深刻。比拟、双关等辞格的巧妙应用，更是赋予广告内涵的重要途径。例如，华为 mini 蓝牙音箱，不仅外观小巧，悬挂式设计更是便于消费者携带。"乐动听，悦随行"这一双关语的巧妙运用（"悦"与"乐"谐音）使得这则广告标题读起来朗朗上口，颇具音韵美。"乐动听"，显然是赞美这款蓝牙音箱音质清晰，能够精准还原声源。而"悦随行"一词，实则包含双重含义：一是这款音箱便携易带，可以随时随地播放音乐，真正做到"乐随行"；二是这款 mini 音箱可以创造美妙音效，高度保真，让消费者在欣赏音乐的同时感受到喜悦，实为"悦随行"。短短六个字，却包含多重含义，更是兼具音乐美和结构美，双关的巧妙使用给这则广告增添了内涵美。

第三节　多元文化视域下商务英语广告的翻译

一、商务英语广告翻译的原则

多元文化视域下，同一事物的物象符号、语言符号等在不同文化视域也会具有不同的意义，在商务英语广告翻译中只有关注多元文化中的这些差异，关注多元文化视域下的人们的不同的审美取向，才能真正做好商务英语广告翻译。在多元文化视域下的商务英语广告翻译，要坚持忠实性、可读性、差异性、吸引性、创新性、可接受性和跨文化性的原则。

（一）忠实性

"译事三难信、达、雅。求其信已大难矣，顾信矣不达，虽犹不译也则达尚焉"（严复《天演论》）。我国著名翻译家和教育家严复很早就提出翻译的三原则，即信、达、雅。他将信放在第一位，也就是说，翻译首先要做到不悖原文，力求译文准确，不偏离，不遗漏。在多元文化视域下，在商务英语广告翻译的过程中，不管译语用于何种目的，翻译的内容都要忠实或贴近原文，译者不可以随主观意愿随意更改原文意思或者肆意歪曲原文信息，否则的话，非但不能达到原有的效果和目的，甚至还会有商业欺诈之嫌。但需要强调的是，在商务英语广告翻译的过程中要译文忠实原文并非要求刻板地忠实于原文形式，而是指译文要正确地忠实于原文的本意。真正的忠实原则也就是指在忠实广告原文意思的基础上忠实于多元文化视域下目标语言的意境，忠实于多元文化视域下目的语受众群体的语言、文化上的习惯。多元文化视域下商务英语广告翻译不仅在语义上做到了忠实原文，在文体上也遵循了忠实原则。

（二）可读性

可读性是指翻译信息内容吸引人的程度，是保持已经引起的阅读兴趣的关键。可读性高的翻译对读者能产生很强的吸引力，可以迅速、广泛、充分地发挥其多元文化视域下的商务交际价值。如果译文的可读性较差，就会影响译文读者的兴趣和积极性，甚至会使读者放弃阅读，从而抑制或无法实现商务广告翻译的交际价值。

从信息传播模式来看，从原文作者到目标受众的信息传递应井然有序，译文的读者不仅是传播过程的受体，也是多元文化视域下商务广告翻译的最终目标，为了达到翻译活动的目的，商务英语广告的翻译必须容易和快速地被读者理解。商务广告偏爱使用简单、紧凑、富有韵律的词句以尽可能传达更多的产品或服务信息，好的商务广告译文会尽可能保持原广告文本的魅力甚至超越，这就要求译者在翻译过程中必须遵循译文的可读性，避免晦涩的词句，表达清晰，保证广告信息的传递是有序的，从而保持或提高翻译传播效果，达到商务英语广告翻译的目的。

例如，在耐克（Nike）一则广告中，其原文是"I don't collect titles. I collect hours. Hours of hard work. Hours of pain."译文为："我追求的不是任何冠军或头衔，我只追求力量与能力。数不清多久的训练，数不清多久的疼痛。"在这个例子中，我们看到原文中使用了简单句型、排比结构，使用了几个简单名词和名词短语"title""hour""pain""hard work"书写了一句有力的简短商务广告语。但在译文中，前两句广告语将"titles"翻译为"任何冠军或头衔"，将"hours"译为"力量与能力"，后两句广告语将"hours of"增译为"数不清多久的"，如此翻译显得冗余，阅读起来也稍显复杂和重复，有悖译文可读性原则。因此，此则广告改译为："我追求的不是头衔，我追求的是能力。无数日夜的苦练，无数日夜的伤痛。"减少了原文中不必要的修饰成分。从翻译的信息传递角度看，保证了翻译信息传递的有条不紊；从受众的角度来说，译文简短富有韵律，令他们读起广告译文来朗朗上口、毫不费力，确保译文的传播效果不打折扣，从而有助于多元文化视域下商务广告目的的实现。

（三）差异性

在多元文化视域下，商务英语广告翻译的语言存在差异性，也就是语言符号存在差异性。在商务英语广告的翻译过程中不仅要忠实原文内容，对译文本身也有要求，译文语言准确自然是最基本的。译文的自然是指译者要用流畅的、易懂的本族语言来诠释原文，这样做是让译语受众群体更加容易接受译语广告内容的惯用表达方法，从而促使源语广告语在源语受众心中引起的反应和译语广告语在译语受众心中引起的反应产生相似的效果。

商务英语广告的翻译对译者语言翻译水平的要求较高，作为一名商务英语广告的翻译者，必须具有强大的语言能力，具备源语和译语两种语言的深厚表达基础和语言文字功底。译者拥有深厚的语言修养才能够深入领会原文的精神，然后使用流畅自然的语言进行再转换。

母语往往是译者使用得最为游刃有余的语言，它是无须刻意组织、排版就可以随口而出的语言。同时，母语语言上的积累也往往成为翻译工作者最容易忽视的语言储备问题。这时译者就需要不断鞭策自己，增强母语获取意识和语言的表达能力。为了提高译者母语语言的修养，译者需要大量地阅读经典文献，积累特殊词汇，同时多进行创作型写作，在加强自己的语言运用能力的同时，培养语言的逻辑思维能力。与此同时，译者对第二语言的掌握情况也很重要。在商务英语广告翻译的过程中，第二语言的正确运用会对翻译的整体质量起到决定性的作用。第二语言的学习并非一蹴而就的，这需译者平时勤奋学习、刻苦积累才能做到翻译时信手拈来。而翻译工作者通常会在第一语言与第二语言之间进行转换，词不达意、含义缺失、情感偏离多由第二语言储备量不足导致，因此，第二语言修养的塑造尤为重要。

在多元文化视域下在商务交际过程中具备深厚的文化素养是译者的必修能力。因为译者不只是单纯地进行广告语言上的宏观转换，还需要具有对源语商务英语广告文化解读的基本能力，能够把一个民族深厚的文化知识通过语言或语体形式表现出来。因此，译者应该很好地把握两语之间的文化差异，理解源语商务英语广告中的文化素养并将其转化为符合目的语受众理解的文化概念，以促进商务英语广告文化上的交流。

多元文化视域下商务英语广告的翻译不仅仅是一种商业互动的行为，更是一种民族间语言文化交际的形式。商务英语广告翻译工作者在翻译时要处理的不是个别词语或句式，而是要面对两种语言所映射和代表的大众文化。由于每个民族都存在一些深植于本民族传统文化的心理特征，这些心理特征影响着人们的日常生活和风俗习惯，也制约着人们的语言活动。译者如何保证商务广告中的文化认同，使广告收到预期效果，成为翻译中的重点和难点。影响商务英语广告翻译的文化因素大多来自源语广告语与目的语广告语受众体之间文化理念的差异、所处地域背景的差异、审美观念的不同甚至还有来自不同文化禁忌的差异等。所以在进行商务英语广告翻译时就要充分考虑并尊重源语和译语两种语言的文化内涵及其差异，避免因文化差异而影响译语广告语的社会反响力。在充分了解文化差异性之后，在商务英语广告翻译的过程中要进行适当的文化概念转换，以适应广告语受众群体的风俗习惯，符合受众群体的消费观念。由此，在多元文化视域下商务英语广告翻译的过程中，译者不仅需要清晰地把握广告所表达出来的字面意思，同时必须对其所代表的文化内涵及引申出来的核心意思进行深入研究。

（四）吸引性

在翻译过程的信息模式中，受众是整个翻译传播活动的最后一个环节，受众的反馈直接决定了翻译成果和传播效果的优劣。使用与满足理论表明，受众行为是核心概念，受众群体在接收信息时的使用感和接收信息后的满足感应是翻译行为的诉求。

基于多元文化视域下商务英语广告的功能和广告本身促进消费的最终目的，译者在翻译过程中必须着眼于文化视域下目标受众的需求，保持或增加译文的吸引力和风格。商务英语广告文本不同于其他类型的文本，还具有风趣诙谐、善用修辞手法的特点，正是这些特点使广告文本具有吸引力，那么相应地，在翻译时为最大程度保持原文魅力，译者就必须在保证译文信息传递无误的同时让译文吸引受众眼球。在翻译过程的信息传播模式中，原文与译文间存在着反馈、译者与受众存在着反馈，通过译者的内反馈将译文不断修整完善，但由于受限于译者的自身认知、情感等，这个环节还需要通过受众的反馈再让译者不断对译文进行反省。例如，在原文中具有吸引力的信息内容在译文中可能没有相同的效果，此时的译者（原文读者）可以通过不断对比两种文本，在翻译决策时尽量保持甚至增强译文的吸引性，而在收到受众反馈信息后，译者据此来判断译本是否具有吸引性或者是否需要增减或重建译本的吸引性。

例如，匹克的官方网站在2021年推出了一款防泼水科技跑鞋，其宣传核心商务广告语就两个字"水盾"，在"水盾"字样的下方是它的译文"Water shield attacks without fear of rain and flower baptism"。若仅用"water shield"作为"水盾"的翻译，从字面意义来讲是无误的，但目的语受众可能会一头雾水，不知此广告语想要传达什么信息，将译文可能误理解为"水做的防护物"。译者通过内反馈对此进行分析比对后，采用增译的方法化解了"water shield"可能产生的矛盾，"rain and flower"形象比喻了当水溅上跑鞋表面时的形态，"baptism"意为严峻的考验，使受众联想到这款匹克防水跑鞋性能、质量上乘。译者在译文中不仅使用比喻的手法，也将产品性能出色地表达出来，使译文具吸引力，从而让这个产品系列的受欢迎程度大增，得到了受众的积极反馈，达到吸引消费者的目的。

【示例】It's not about the shoes. It's about knowing where you going, not forgetting where you started. It's about having with courage to fail, not breaking when you are broken, taking everything you've been given and make something better. It's about work before glory in what's inside of you. It's doing what they say you can. It's not about the shoes. It's about what you do in they. It's about being who you are born to be.

译文为：重要的，不是这双鞋。是知道要往何处前进，却没忘记自己来自哪里。是拥有面对失败的勇气，遭受打击依然坚定。发挥所有潜力，成就更出色的自己。重要的，是荣耀来临前的努力，以及内心深处的信念，无关个人是否相信。重要的，真的不是这双鞋，而是穿上它之后的你。勇敢做你自己。

这则商务广告的原文采用了简单句型和排比句式，用词简单，节奏感强，富有感染力。译文也同样遵循原文的格式和韵律，使原文韵味完整保留。原文用词简单，且使用陈述句和否定句。译者在译文中巧妙运用关联词连接前后句子，一番遣词造句后，呈现出的译文，情绪层层递进，朗朗上口、震撼人心，消费者阅读后生出一种"诗中有画"之感，体现了译者对受众需求的体恤、对广告语包含信息和特点的把控，从而完成原文和译文的从分析至反馈的使命。如此译文能与原文媲美，具备高吸引性，而只有具备吸引性的广告译文才能不费力地增强译文传播效果、吸引消费者，进而达到商务广告翻译的销售目的。

（五）创新性

商务英语广告的翻译不同于其他文学作品的翻译，不需要使用过于深奥、晦涩难懂的语言进行修饰。人们在阅读商务广告的时候具有随意性和短暂性，所以语言上越是简单易懂的广告文字，越能快速地传递广告信息，并引起读者的注意和思考。这时，商务英语广告翻译使用简朴带有深意的语言会使译语广告语更加出彩。

多元文化视域下商务英语广告翻译的特殊性，除了要保持语言上的通俗易懂，还要保证商务广告的社会目的，这时，商务英语广告翻译就不能只拘泥于对等的翻译原则了。在多元文化视域下商务广告翻译实践中，绝对的精确精准并不是它的必然要求。所以商务英语广告翻译的风格有时候未必要与原文保持绝对的一致，有时，为了使商务广告翻译达到实际的传播效果，在语义上有情感超额与失真的行为都是可以被接受的。进行多元文化视域下商务英语广告翻译时，译者深刻挖掘广告语的核心文化思想，或者在所提供的意识框架内进行再次广告语创作或半创作，必要时也可以离开这些框架进行重新创作。当进行商务广告的再创造时译者需要考虑目的语的语言、文化、环境等特征，要迎合受众群体的消费心理期待，从而创作出成功的广告翻译作品。由此可见，多元文化视域下商务英语广告翻译的再创造需要翻译人员有强大的知识储备和文化修养，并且在语言上富有想象力和创造力，这样翻译出来的广告往往能给人一种耳目一新的感觉。

（六）可接受性

在知名英国传播学家麦奎尔的传播效果理论中，翻译的可接受性是指传播主体的意愿到达受众并获得其认同的程度。可接受性就是指译文的语言符合译入语规范，能够为读者所接受。它是一种以读者的理解程度为导向的综合性翻译标准。译文的可接受性分为文化可接受性和语言可接受性。可接受性作为读者理解的程度将直接影响翻译的效果，可接受性越高，证明译者的前馈质量佳，而信息受众的反馈也会越好。将此作为多元文化视域下商务广告翻译的原则之一，要求译者在顺利传达原文信息的情况下，尽可能多地考虑目的语的语言层面和文化层面。为了提高译文的可接受性，译者须以目的语的表达习惯去传达源语信息。

【示例】I heard it was designed in LA. and for me looking at the shoe when I first seen it. I was curious about the bottom of the shoe and how fashionable and different it was.

我得知态极云是在曹县八环洛杉矶设计的，当我第一次见到它时，我就被它那奇特的中底所吸引，它时尚似魔鬼的步伐。

示例是匹克官方微博发布的一则产品宣传片，男主是美国职业篮球运动员尼克杨，示例是他在宣传片中说的一句话。译文当中的"曹县八环"和"似魔鬼的步伐"分别是2021年、2014年在年轻人当中流传的网络流行语。虽然微博的用户多为年轻人，或许会熟悉这类网络热词，但并不是所有的广告受众都能理解并接受这样的译文，甚至会引起一部分受众的反感。译者本意是用幽默诙谐的译文吸引受众，但在翻译的前馈环节，译者并未对目标受众有足够的了解，且官方微博发布的信息具有一定的权威性，这样的译文出现在官方发布的视频中带有一定的误导性，不能够被广告受众完全接受，从而使受众产生消极的反馈，影响广告传播效果和广告翻译指向的最终消费目的。

【示例】And if you are a girl from Compton, don't just become a tennis player, become the greatest athlete ever.

即使你是个在混乱街区成长起来的女孩，也不要只甘心成为一个网球运动员，要做就做最伟大的运动员。

在译文中，译者没有将"a girl from Compton"直译为"一个成长在康普顿的女孩"，若按照原文的语义进行翻译，虽然保全了原文信息，但是目的语读者并不能明白直译译文的含义，也就不能接收广告语所传达的旨意。在这里有一定的文化背景，康普顿是美国加利福尼亚州洛杉矶县的一座城市，其中非裔美国人约占整座城市人口的50%。多年来，这座城市产生过许多著名运动员，如网球姐妹花大小威廉姆斯，但这里被人记住的更多的是当地混乱的治安以及成群的帮派、毒品泛滥、极高的犯罪率。原文想要表达的是，即使出生在如此混乱的康普顿，也不能放弃做运动员的梦想，在这里有伟大运动员产生的先例，所以哪怕在逆境中，也要迎难而上。根据译者对受众的前馈，为目的语读者理解和接受广告语的内涵着想，将"a girl from Compton"译为"在混乱街区成长起来的女孩"符合了译文可接受性的原则，也传递出原广告语的励志信息，有利于受众对译文的积极反馈。

还有一些广告语的翻译也体现了翻译的可接受性原则。例如："鸿星尔克"的一款运动鞋的核心宣传语为"看见你所不能看见的"，译文为"Seeing the unseeing"；匹克运动鞋核心宣传语为"型速合一"，译文为"Fast and fascinated"。译文的质量可与原文媲美，甚至在结构上可以更胜一筹。

（七）跨文化性

在多元文化视域下，商务英语广告翻译要坚持跨文化性，追求文化顺应性。也就是说，商务英语广告翻译必须考虑两国的价值观差异，顺应其目的语消费者的价值观和认知感情因素等。同时，各国之间还存在历史背景差异，翻译时要根据目的语的历史背景对翻译语言进行调整，使译语顺应相应的历史背景，防止出现因广告翻译伤害民族感情而不被接受的情况。

商务英语广告翻译的本质属性和特性包含了在需求衰退的市场中刺激需求，在需求不足的市场中创造需求，这也是多元文化视域下商务英语广告翻译中存在的经济追求的文化交叠性。所以，多元文化视域下，翻译者在翻译前就要了解产品的文化价值和品位。多元文化视域下商务英语广告翻译中文化的交叠性还体现在其文本的兼容性方面，翻译者除了应尊重原广告还需要注意译文读者和市场选择、译文的词汇和语体亮点媒体传播途径、译文营销活动、译文评估、译文的投入和收益等。这些策略除了能决定翻译的时效性、准确性和恰当性，还能决定商务英语广告本身是否能吸引潜在消费者，以及译文是否能够达到最佳的投入产出比，进而为企业带来实际利润。

多元文化视域下商务英语广告翻译就是一种跨文化交流活动。因此，在跨文化传播中，翻译者不应该只是把两种语言进行简单的转换，而应该根据译语文化，审视译文是否符合译语文化习惯以及译语读者的审美期待，使商务英语广告翻译既能宣传商品，又能传播文化。

二、商务英语广告翻译策略

中西文化的不同来源于双方不同的历史、信仰、社会习俗等因素，文化的差异也体现在各自的语言表达之中，多元文化视域下商务英语广告翻译涉及不同的文化内涵，这就要求在商务英语广告翻译中译者要有良好的翻译知识，跨越多元文化的障碍，理解商务英语广告语言的表面意思，更重要的是要挖掘广告语言深层次的文化内涵，在商务英语广告翻译中采用归化—异化翻译、变通翻译、简洁翻译、文化适宜翻译、对等翻译、唯美翻译和含蓄翻译的翻译策略，促进多元文化的交流。

（一）归化—异化翻译

多元文化视域下商务英语广告翻译是跨越两种或以上的文化之间的交际活动，不同文化之间的差异形成广告语翻译的偏差，这是因为不同的社会文化背景会使广告语中的部分语义改变和缺失。但是商务英语广告的最终社会目的就是激发消费者的购买兴趣和欲望。有时也会发生同一语言、共同环境下的受众群体对于同一个广告产生不同的反应，如此，更不用说是发生在不同语言、不同文化之间的交流活动。多元文化视域下商务英语广告翻译要遵循翻译中的归化—异化翻译策略。

归化—异化翻译首次被提出是在德国著名哲学家施莱尔马赫（Schleiermacher）1813 年的一场名为《论不同的翻译方法》（On different Methods of Translating）的报告中。施莱尔马赫指出，翻译方法其实只有两种：一种是尽可能让作者安居不动，而引导读者去接近作者；另一种是尽可能让读者安居不动，而引导作者去接近读者。而后，劳伦斯·韦努蒂（Lawrence Venuti）在其《译者的隐身》一书中，正式将前者定义为异化翻译（foreignizing Translation），将后者定义为归化翻译（Domesticating Translation）。

归化使用在商务英语广告翻译中是指译者要遵循目标语受众群体的文化主流价值倒向，并且要恪守受众群体的文化语言传统，译者在翻译时可以适当地放弃译入语中不存在的文化形象或者语言形式，同时采用保守、同化的方式对待外语文本，以实现广告语传播的目的。

表达方式的归化又称改写，是最自由的翻译方法。译语广告语言通顺流畅一直是归化翻译的标准，归化翻译要求尽量避免受众群体认知陌生化，还要尽量抹去刻意翻译的痕迹。广告语的翻译过程中往往以突显商品特性、深化企业形象、传达主题信息、提供审美愉悦、吸引群众眼球、增加购买力度为其最终目标。所以使用这种归化的翻译方式，可以让大众更快速地接受广告语所要传达的信息和文化内涵，从而达到广告语的社会目的。这样完全避免了异化所带来的不良后果，充分发挥广告词的魅力，增强了商品在百姓心中的地位和可信度，其缺点是无法体现文化的差异性。

在异化翻译中，译者会更加偏重源语语言和文化，译者通常会保留源语广告语中特有的文化形象或者语言表达形式，而不会用译语中的文化形象或者表达形式来进行代替。这表现了一种文化自主的意识形态，归化是把文化、语言上的差异放在广告语之中进行文化之间的交流和碰撞，它更多追求的是文化的多样性，目的是突出源语广告自身语言系统和文化内容的特性，在广告语的翻译过程中使用归化对目的语中文化价值的改造、时尚潮流的走向等方面产生积极影响。但是异化的翻译结果在译语群体中会彰显陌生化，翻译的内容也会发生主流文化的偏离。因此，在异化策略指导下的翻译一般晦涩难懂，不容易被大众接受。但是，如果可以在广告语翻译中最大限度地保留源语广告语中的文化体现和修辞特点，并且译文还能准确无误地传达原文广告语的信息，且源语与目的语在功上达到重合时，就可以达到异化的最佳效果。

综上所述，归化和异化这两种翻译策略是宏观上以源语文化或者译语文化为划分依据的，在商务英语广告翻译时没有绝对的界限之分。由于商务广告的根本目的在于吸引消费者并诱导购买这一动作，因此，商务广告必须以迎合消费者的消费观和价值观为目的。这样一来，归化策略在广告翻译时就占主导地位，归化通过不同的翻译方法，实现使消费者购买产品的目的。但是也不能绝对地说，广告语翻译中一定只能使用归化，而异化策略不能运用于广告语翻译中。归化和异化在广告翻译中的使用情况不是绝对的，要使用正确的翻译方法，在宏观上以归化为主、以异化为辅，在变通中翻译出更好的广告。

（二）变通翻译

多元文化视域下商务广告语翻译的过程中，由于文化、语言、地域的差异，很多妙语连珠的广告语难以对等的翻译,此时,我们就会采用广告语的变通视角,这一视角所达到的效果就是虽然译文和原文在字面意义上有很大的差距,但译文还是传达了原文的一些旨趣。这也深刻地体现了广告语的目的在于诱导顾客的消费,而语言文字只是一种表达手段,在遇到一些翻译困难时,就不必拘束于文字的对等了。由于广告语言一般生动、形象,具有代表性,如果只是刻板翻译,不懂得变通,也会使译文失去语言文化的魅力,抓不住顾客的心理,最后连广告诱导消费的能力都失去,这样的翻译结果得不偿失。

变通论不仅是广告语言上的变通,也可以是广告语意义上的变通,译者在翻译的过程中通过选择译语受众最能接受的语言表达方式和暗含意义进行商务广告翻译,保留了广告语引导购买力的传播目的。但是该理论在文化传播交流的作用中缺少了一些促进的作用。

(三)简洁翻译

广告语的表达不同于其他文学作品,讲究的是语言上言简意赅,用最简短的语言强有力地显现出商品的特点、长处,有时还会和其他商品进行比较。商务广告的翻译就是广告语本体通过翻译者与不同语言的目标受众之间的特殊交际行为,其主要目的是向译入语消费者传递商品信息,投其所好,打动心弦,引发购买兴趣。所以在面对以上问题时,我们就要秉持译文应遵循自然、准确、易懂的原则,力求语言简洁、形象生动,使译语广告语用最简单的语言表达复杂的意义,让译语受众方便理解和记忆。

(四)文化适宜翻译

多元文化视域下商务英语广告翻译不仅涉及源语和译语两套符号系统,也涉及源语文化和译语文化两套文化系统。从语言学层面来讲,商务广告受众希望广告译文能为自己所理解,能理解译文传达的信息和蕴含的精神价值。从文化层面出发,广告受众想要领略异国他乡新异事物、充满联想空间的东西,来满足其好奇心态。然而,受众并没有做好准备去应对文化带来的冲击。为了实现系统内信息的有序传递,达到广告翻译活动的目的,多元文化视域下商务英语广告的翻译需规避来自文化层面的"噪声",针对目的语国家的受众主动采取文化迎合、文化避让两种策略。

文化迎合就是迎合目标受众的喜好，与受众向志同道合靠近，而文化避让就是对目标受众所忌讳的事物避而不谈。由于原广告语在另一个文化环境中无法达到在原文化环境中产生的效果，译者面对的是两种大相径庭的文字表达和文化背景，因此这时的翻译不应一味寻求与原文意义最高程度的一致性。

相反，只要顺应目的语国家的喜好，迎合目的语国家受众的消费心理、社会文化和风俗习惯，商务英语广告翻译就算成功。在某些情况下，译者可以割弃部分或全部原文重新建立新文本，但必须始终坚持力求产生与原文均等的生动效果，这也遵循了翻译可读性和吸引性的原则，以达到广告促销的目的。诺德曾指出：①文化知识的差异要求对原文明示的信息和暗含的信息进行调整；②特有文化类型对文本的不同期待要求译文形式按目的语文化语境和文体规范进行改写。商务英语广告翻译的译者唯有深入了解目的语受众所属国家或地区的文化需求和习俗，认真考量商品特性和广告文本特征，并力所能及按照最贴近广告受众当地文化的表达进行翻译，便能译出深得消费者心的广告译文。例如，中国人偏爱使用四字词语，喜欢使用激励人心的谚语作座右铭，因此译者使用"情有独钟"作为茵宝广告词"One love"的翻译；百事运动鞋广告语"Ask for more"翻译为"渴望无限"。这些商务广告的翻译恰当地迎合了中国文化，采用了中国人喜闻乐见的词句作为广告语的译文，克服了异语间在文化层面可能会产生的"噪声"。

进行多元文化视域下商务英语广告翻译时，不仅需要迎合目的语国家的文化习俗，还需要将源语国家的文化背景以及原广告想要传达的精神文化内涵考虑在内，如此才能将文化适宜做到尽善尽美。例如，阿迪达斯的一则广告语原文："You know I just think they didn't see the talent that I had. They thought I was a zero."译文："我想，他们根本没有看到我的天赋。他们觉得我就是个'0'，一无是处。"这则广告语是阿迪达斯为美国职业男子篮球联赛全明星球员吉尔伯特·阿里纳斯（Gilbert Arenas）量身定制的一则广告，此则广告的背景是身穿"0"号球衣的阿里纳斯回忆自己还是一名篮球新秀时，周围的人对他不屑一顾。为了证明旁人对自己的认知是错误的，阿里纳斯并未怨天尤人，他坚持不断的训练，最终成为美国职业男子篮球最出色的球员之一。原文中"They thought I was a zero"字面意思为旁人认为阿里纳斯就是一个"0"号球员，若如此直接翻译会使广告受众不知译文所云，将原广告的文化内涵丢失。然而，译者在译文最后加上"一无是处"

后,让广告受众明白,原广告中"zero"隐喻意义,即"扶不起的阿斗,一无是处",再配合广告内容,受众的思路也就清晰可见了。

各个民族、各个地区都有自己的文化禁忌,多元文化视域下商务英语广告翻译人员在进行翻译活动时,对于各种文化长期形成的民族习俗或文化禁忌,应给予足够的理解和尊重,因为对文化禁忌视而不见的广告翻译会与广告目的语的民族文化相抵触。一条在甲国文化中非常有创意、具有美学价值的广告内容在乙国的文化中可能完全是色情的;一种在甲国的宗教文化中万人崇拜的事物到了乙国,却可能成为人人厌恶的对象。若不顾此情况擅自翻译,翻译效果最终会影响出口品牌或商品的可接受性和销路,甚至造成很严重的后果。例如,2004年耐克公司推出的一则引发文化冲突的广告,播出后在多个国家引发热议。在该片中存在三处涉及中国传统文化元素的地方:中国功夫老者、中国龙形象、敦煌壁画的飞天仙女,这三者都是在中国人心中被尊敬的形象,具有无比的庄重性和严肃性,然而广告所展示的中国功夫老者形象是夸张虚无的代表,飞天仙女是诱惑的象征,中国龙则为吞云吐雾的妖怪,在广告片的结尾处,这三者被广告主角NBA球星勒布朗·詹姆斯(LeBron James)一一击败。更令中国广告受众不悦的是,译者将原文中"the chosen one"翻译为"天之骄子","the chosen one"指代广告片男主詹姆斯·勒布朗,此译文给中国受众传递的信息是在击败凝结着中国文化的角色后,便成为"天之骄子"。这则广告是对中国文化的亵渎,并且违反了我国《广播电视广告播放管理办法》中关于"广告电视广告应当维护国家尊严和利益,尊重祖国传统文化"和"不得亵渎民族风俗习惯的内容"的要求。这则广告的播出覆盖了整个亚洲区域,引起了广大亚洲华语地区的不快,新加坡华裔联名向政府要求"严打"此广告。面对这般后果,耐克公司也做出书面道歉,并将广告下架处理。由此可见,译者在商务广告翻译的过程中,应对目的语国家的文化、民俗、禁忌等因素有深入的了解,作为把关人的译者还应对所翻译的该则广告所涵盖的精神文化认真考量,不可随意译之,从而使译文能在目的语文化中生存。

(五)对等翻译

20世纪60年代,美国著名翻译理论家尤金·奈达提出"动态对等"原则,在他看来任何一种能用语言表达的事物都能够用另外一种语言来进行转述表达。

因此，译者应该努力寻求在不同语言和不同文化之间的翻译对等语，并且采用适当的方式重新组合原文的词语、句法和语义结构并进行交际，以期达到意义上的功能对等。功能对等理论要求译文能体现源语的风格和精神，翻译过程中要注意目的语和源语的差异。奈达在《语言文化与翻译》一书中，将功能对等理论分为两个阶段：最低层次的对等是目的语受众对源语欣赏，最高层次的对等是目的语受众能做出和源语受众基本一致的反应。因此，功能对等理论对商务广告翻译具有指导作用，能让译者注意把握消费者心理。

由于商务英语广告的翻译是从语义词汇到文体内容上的翻译过程，需要在译语中用最贴切而又最自然的对等语再现源语所表达的内容、意义、目的和文化，因此翻译的过程中应以对等理论为基础。商务英语广告的翻译主要是要做到语义对等、风格对等、文体对等和社会功能对等。

①语义对等。这是最基本和最重要的对等，小到词，大到篇章，译者首先要确定翻译单位在语境中所表达的核心所在，要忽略潜在表面意的错误引导。所以为了达到语义上的对等，就要注意避免对源语广告造成歧义和望文生义的错误。

②风格对等。是指对于一些含有修辞手法、句式特征的广告语保持源语和译语在风格上一致。在这些商务广告翻译的过程中，首先要保证在文化功能上两语间都能产生共鸣，即可保持源语和译语风格上的一致。但是由于文化差异和语言形式的制约，两种语言词汇很多时候不能达到高度的对等，因此，翻译中应考虑社会文化因素的对等。对待那些有浓厚文化色彩的习惯用语、成语、典故、俗语、专有名词等在翻译时应进行调整并绕开文化背景译出其真正含义。

③文体对等。广告语常见的基本形式有叙述式、描写式、联想式、问答式、引据式、诗歌式等，商务广告翻译时的任务之一就是重现原文文体情态内容，保持译文与原文的神韵和形式一致。

④社会功能对等。与以上三种对等关系相比，其他持对等论的研究者则更看重社会功能的对等，认为商务英语广告翻译所遵循的应是功能对等基础上的等效原则，在语句层面上则不必拘泥于原文的表达法。商务广告的翻译本身就是向受众介绍产品的优缺点和特性，从而诱导受众群体的消费能力。所以在翻译过程中，社会功能的对等应是译者最先考虑的社会因素。

多元文化视域下商务英语广告翻译遵循着的功能对等原则中的语义、文体、风格对等，在文化接受上都可以引起受众群体的共鸣和认同，也都遵循着社会功能对等的原则。综上所述，我们能够明显感觉到，在商务英语广告翻译的过程中，使用对等功能的情况占绝大多数，在对等论框架下进行商务英语广告的翻译不仅可以很好地保留源语广告的语体风格，还可以保留一定的文化精神和文化素养，使得广告语翻译在艺术、文化交流等方面起到促进的作用。

（六）唯美翻译

广告语是一种单向的，具有公众性质的宣传活动，它没有过多强制性并且带有很大的随意性，因而要更加注重其表达的内容与形式所产生的审美效果是否可以引起公众的注意和共鸣，实现广告的社会目的。广告语审美不仅要注重内容，而且要注重广告语的表达形式，在商务英语广告翻译的过程中尤其要注意原广告形式美的传递。在多元文化视域下商务英语广告翻译的过程中，如果原广告语之美有所丢失，译者必须通过其创造性行为进行审美。美学这一概念在商务广告翻译中起着重要作用。一则成功的广告语具有内涵美和语言美两个方面的属性。其中内涵美包括意境美、形象美、情感美、文化美，语言美包括简洁美、词汇美、构句美、声韵美、修辞美，因此商务广告翻译时应努力做到再现源语广告语的美，必要时加以拓展，使译文达到与原文同等的艺术效果。

（七）含蓄翻译

多元文化视域下商务英语广告翻译还要讲究含蓄美的翻译策略，文体内容在风格上不张扬，内敛含蓄，有时一个词可以暗含多重意思，有声东击西般的映射作用，带给人的感觉则是回味无穷、联想翩翩。这种含蓄美运用到商务英语广告的翻译中，主要体现出译文的简明和含蓄。这种特征主要体现在一些选词含蓄、词语表达范围小或具有双关手法的广告中。多元文化视域下商务广告的翻译则应该在词汇、句法、修辞、文化和心理这五个方面体现这一特点，准确地表达商务广告的内涵，给广告语受众以启示，使其产生心理的共鸣和购买的欲望。在含蓄论的框架下，译者通常会选用直译或意译的翻译方法。

对多元文化视域下商务英语广告翻译来说，没有绝对的翻译原则和策略，它们之间本来就是相互补充、相互融合的关系。例如，含蓄翻译中就表示出含蓄和简洁要相结合，唯美翻译中也包含着含蓄美和简洁美。所以在进行商务英语广告翻译时，面对不同的文体风格我们要采用不同的翻译策略，要学会变通。商务英语广告翻译在最后主要目的是达到源语广告和译语广告在社会功能上的对等，广告在表达某种文化的同时，最重要的就是引导受众群体消费。

第七章　多元文化视域下的商务英语说明书翻译

在国际贸易中，商务英语说明书的翻译质量具有举足轻重的作用，一份成功翻译的说明书不仅可以起到良好的广告宣传作用，激发消费者的购买欲望，同时也对消费者今后正确使用该产品起到了提示的作用。本章分为商务英语说明书概述、商务英语说明书的语言特征、多元文化视域下商务英语说明书的翻译三个部分，主要包括商务英语说明书的概念，商务英语说明书的词汇、句法和语篇等特征。商务英语说明书的翻译策略等内容。

第一节　商务英语说明书概述

一、商务英语说明书的概念

说明书，又称"产品说明书"或"使用说明书"等。产品说明，即介绍产品，传统意义也是狭义上的产品说明书，是用最质朴、直白、简洁生动的语言来向用户展示产品的属性、结构、使用方法、售后服务、维修管理等相关说明的纸质用户手册。

但是，在《汉语词典》中，"说明"这个词共有三种解释方向：第一，作为动词，解释清楚，说明原因，也指名词，解释的话；第二，证明；第三，论证，通过说明方式来证明结论的对错。生活中，关于"说明"的物件或场景随处可见，如面试时的自我介绍、购物中心派发的宣传单页以及展示架上的标志、图书馆里张贴的各种关于"静"的提示语等。

所以，广义上来说，产品说明书是指内容中包括与产品相关的所有说明信息的说明方式。

这里对商务英语说明书的理解如下：唐纳德·诺曼（Donald Arthur Norman）在《设计心理学》一书中提到两个词，即"示能"和"意符"。"示能"，通俗来讲，即去提示用户这个产品能做什么，在哪儿做，怎么做；"意符"则是那个用来提示的符号。可以看出，示能和意符都是指说明，在设计中，意符相对于示能更重要，因为它们起到沟通作用，告知用户如何使用这个设计，说明书的设计很大程度上相当于意符的设计，说明书要在满足大批量标准化生产要求的同时，最大化达到说明书应有的功能。

二、商务英语说明书的分类

从不同的角度考量，商务英语说明书被划分成各种不同的类型。不同的标准和角度有不同的分类方法，并没有绝对的分类要求。

通过搜集大量的说明书相关资料，对其分类方式大致归纳如下：

第一，按具体用途分类，可分为三种：使用说明书、维修说明书、推销说明书。

使用说明书主要是介绍产品的用途、方法、性能以及注意事项等。

维修说明书通常带有示意图，除了介绍产品的结构、特点、性能外，还详细说明导致故障的可能原因以及排除故障的主要方法。

推销说明书往往图文并茂，以文释图，兼有广告的某些特点。

第二，按产品属性分类，可分为涉及专业术语及原理类说明书、需要自行组装类（纯物理无电动）说明书、没有唯一使用方法的益智类说明书、设计科技和软件类说明书。

第三，按行业类型分类，可分为工业类产品说明书、农产品说明书、金融产品类说明书、保险产品说明书。

第四，按表现形式的不同分类，可以分为文字罗列式的说明书，图表类说明书，图像类说明书，图表、文字、图像结合类说明书，音像型说明书，口述类说明书等。

第五，按内容分类，可分为简述类说明书和详述类说明书。

第六，按印刷方式分类，可分为单色说明书和彩色说明书。

第七，按流通方式分类，可分为外包装类说明书、内附式说明书、网络流通式说明书、张贴式说明书。

第八，按所针对的用户分类，可分为针对老年人的说明书、针对中青年的说明书、针对青少年的说明书、针对残障人士的说明书。

三、商务英语说明书的现有形式

商务英语说明书的呈现形式，即商务英语说明书存在的形态以及表达方式。从商务英语说明书的设计角度来说，"形态"是商务英语说明书的物理存在属性，主要为依附的媒介、材料，表达方式是其对产品进行解释说明时采用的传达信息的方法。

（一）说明书的形态：实体为主，电子为辅

对于商务英语说明书，我们对其形象定位的第一反应都是平面的、随产品附赠的、带有图文说明信息的、具有一定宣传性的纸张。基于这种固有印象，我们可以知道其具有制作成本低廉、制作周期短、方便携带等特点。

实体说明书又被分为包装式、内附式和张贴式。包装式，即直接印刷在产品外包装上的产品说明，信息量少，文字简短，这种方式一般用在普通食品包装上、衣服的说明标签上等。内附式，指随着产品作为附件赠送的方式，一般专门印刷，信息多者会装订成册，通常用于某一方面信息较为复杂的情况，例如，安装方法较为复杂或者较为贵重的产品类型。张贴式，该种方式一般适用于新研发或新推出的产品，制作成易于张贴的方式，张贴在出售柜台处，或店内其他可以达到宣传效果的地方，这种方式一般起到广告宣传的作用。

在新技术的推动下，慢慢开始有了电子说明书，但其依然只是作为纸本说明书的辅助。在纸本说明书遗失或者在使用过程中遇到问题时会通过网络去寻找并下载电子版的说明书，一般为纸本说明书的电子化，内容不变，载体变成新的电子产品，以 PDF 格式为主。

一些知名品牌也有自己的官方网站，可以查询下载使用说明书。

（二）说明书的信息表现设计

1. 文字

通常情况下，任何说明书都离不开文字，说明书的内容中品牌信息、使用日期等必须使用文字简洁明了地直接说明。但在目前的商务英语说明书的设计中，基本上所有的信息都是用文字说明，加入数字或者符号，以及少量的图形做辅助。

2. 图文结合

为了帮助用户更好地使用产品，说明书的设计中越来越多地加入图表或图形，相对纯文字来说这样更能吸引消费者，更能激起消费者购买欲望，图表一般为产品成分、营养表或产品参数等数据和同类型信息内容众多时会选择的方式，而选择的图形，包括具象和半具象的图形。具象图形一般为产品实物形象，通常采用摄影、写实插画的形式，通过整体展现或者特写的方法，对产品的部件、外形、材质和质量进行说明，加强说服力。半具象图形一般为矢量图形，通过一定程度的变形，提取产品基本轮廓和重要线条，将产品图形简洁化，兼具具象与抽象，使其更具准确性的同时，更有吸引力与趣味性。

四、商务英语说明书的结构分析

商务英语说明书一般包含标题和正文两大部分。内容较为复杂的说明书还可以印成折子、书本的形式，因此也就有了封面、目录、前言、正文、封底等部分。这种书本形式的说明书普遍应用在机电产品与成套设备出口中。

封面上一般印有"说明书"的字样和厂名，有的说明书还印有商标、规格型号、商品标准名称和图样等。如果想要加深顾客对产品的印象，还可以在封面上印上商品的彩照、表格等。封面的标题要鲜明、醒目。

前言的形式有很多种，有的采用书信的形式，而更多的则是采用概述式的短文。

通常情况下，说明书的标题由产品名称或说明对象加上文种名称构成，一般放在说明书的第一行，为了强调其视觉效果，可以呈现出不同的形体设计。

正文是商务英语说明书的主要组成部分，也是主体部分。一般是对商品的性能、规格、使用以及注意事项的具体说明。我们知道，不同类型的产品其性能和用途是不一样的，因此各类商务英语说明书的内容及说明方法也各不相同。

为了便于以后客户联系，说明书的封底部位通常注明产品生产的厂址、含国家地区代号的电话号码、电子邮箱号等。

第二节 商务英语说明书的语言特征

一、词汇特征

商务英语说明书作为信息型和感染型文本，与其他的文本相比，具有明显的文本特征。以《卫星使用和维护说明书》为例，为了使产品使用者能够对穿梭车有更深的了解，从语篇层次来说，要求逻辑清晰、语言简练，能够准确地给产品使用者传递如何使用穿梭车的信息，而从词汇层次来说，它具有以下几个特征：

（一）专业术语的运用

为了突出其专业性，商务英语说明书会用较多的专业术语来介绍其产品。虽然有些专业术语是日常用语，但是在工业、医学、法律等专业领域，这些日常用语就有其指定的专业意思，因而在翻译这些专业术语时，如果仅仅翻译出字面意思，就会使译文不够准确和专业。

【示例】The shuttle is composed of the following parts: base frame group, transportation wheels, transmission group, mobile group, guide wheel group, control and autonomy.

穿梭车由以下的零件组成：框架机构、驱动轮、传动机构、顶升机构、导向机构、自控单元。

在翻译例句中的专业术语时，很多词汇都是日常生活中可以用的，如"base frame group""transportation wheels""transmission group""mobile group""guide wheel group""control and autonomy"等，如果不通过专业英语词典去查找其正确的意思，仅凭自己现有的知识按照表面意思翻译成"基础框架组""运输轮""传输组""移动组""指导车轮组""控制和自动单元"，不仅会使译文不地道和不专业，而且会给产品使用者带来很大的误解。因此，在翻译这类专业术语之前，要借用电子词典、维基百科等翻译工具，先了解穿梭车的组成零件，在此基础上进行翻译，这样才能把握专业术语的准确性。

（二）言简意赅

说明书中大量使用合成词和缩略语。合成词是通过词缀法将原来的词组或是短语组合成新词，形式比较灵活多变。如高新技术（hi-technology）、无线电传真（radio photography）。缩略词形式简单，便于记忆。如计算机辅助设计CAD（computer aided design）、调频FM（frequency modulation）、国际单位IU（international unit）、不间断电源UPS（uninterruptible power supply）、集成电路IC（integrated circuit）。

在当今飞速发展的社会，高新产品层出不穷。合成词和缩略语的使用便于高科技产品专业知识的推广，生产厂家也可以节约宣传成本。对译者而言，这类词的广泛使用可以使这些专有名词的翻译标准化。

二、句法特征

除词汇特征之外，商务英语说明书还具有以下几个句法特征：

（一）句式结构较简单，多祈使句

祈使句多有建议、请求、命令、要求等含义，一般多用动词原形作谓语开头。因此，在商务英语说明书中，常常使用祈使句为产品使用者提供建议或者指导，往往以动词原形开头，有些祈使句中会带有做时间成分的时间状语从句或者表示其他成分的状语从句。

【示例】To switch the radio remote control on, release the emergency button "2", if pressed, and then press the green "M"：the radio remote control will take a few seconds to load its internal system. It will then show the home screen with the commands "Start", "Association" and "Configuration"；press navigation button "NI" to select "Start", then confirm by pressing the green "M".

如果要开启无线电遥控器，请松开紧急按钮"2"，如果已经按了紧急按钮"2"，那么接着请按绿色"M"按钮，无线电遥控器需要几秒钟来加载其内部系统，随后主屏幕将会出现"开始""关联"和"配置"的指令，按下导航按钮"NI"来选择"开始"指令，然后按绿色"M"按钮进行确认。

在例句中，为了简要说明如何使用无线电遥控器，原文中大量使用了祈使句，如"release""press""to select""confirm"等，并且"to select"这个以状语从句形式出现的动词表示目的，因此，在翻译时，直接翻译出意思即可，对于句末的祈使句，例句并没有按原文顺序翻译，而是把"then confirm by pressing the green 'M'"翻译成"然后按绿色'M'按钮进行确认"，如果此处按照原文的顺序进行翻译，那么会大大减弱祈使句的句法功能，使译文头重脚轻。

（二）句式多为被动语态

英汉语言最大的差异是，在汉语中，句式多用主动语态，多用"把"字句、"为"字句等主动语态表示隐含的被动意义，而在英文中，句式多用被动语态，产生这种差异的原因是使用了被动语态，可以避免不必要的人称代词（动作执行者），避免主观臆断的印象，有利于句子的扩展，有利于大量使用名词化短语和定语从句，这样，重要的概念、问题、事实、结构等位于句首，便于读者理解，同时传达信息量大，重点突出。

【示例】Each transmission unit is composed of a machined "bell" structure, fixed to the base frame, which the driven system bearings and on which the fixed part of the translation gear motor is mounted.

每个传动装置都安有一个固定在框架上、经过机器加工成"钟形"结构的设备，该设备可以容纳驱动系统的轴承，并将平移齿轮电动机上的固定零件安装在轴承上。

在例句中，原文用了不同形式表示被动意义的被动语态，如"is composed of""fixed to""is mounted"等，其中"fixed to the base frame"是一个省略成分的定语从句，应该为"that is fixed to the base frame"，它们重点介绍传动装置的零件，用被动语态可以使介绍很客观，但要根据具体情况翻译英文的被动语态，在这里，主要是把被动语态处理成主动语态，从而更符合汉语的使用习惯。

（三）语法简单，多为一般现在时的句法

一般现在时表示通常性、规律性的客观状态。通常来讲，说明书作为信息型文本和感染型文本，语言逻辑必须强，因此，多用一般现在时表达客观的说明和指导，不带有主观的意见，同时也有助于产品使用者理解其使用方式。

【示例】The shuttle is an electric drive machine conceived and realized for the handling of a WLU (Work Load Unit) as an alternative to a manual forklift. Each shuttle is fully independent, capable of performing complex tasks based on preset instructions, requiring the operator only to select a task. The shuttle works with pallets of a suitable size, as specified in Chapter 3.

穿梭车是一台电驱动设备，它可以代替手动叉车，处理 WLU（工作负载单元）。您可以完全独立操作任何一台穿梭车，根据预设指令进行复杂的任务，然而这就要求操作人员必须选择一个任务指令。会在第三章中提到，穿梭车需要与其尺寸合适的托盘一同使用的情况。

例句介绍了穿梭车的信息，原文中主要句子的谓语动词都用了一般现在时，如"is""works"，而不是用"was""is going to do""worked""is going to work"等其他的时态，这就是为了突出《卫星使用和维护说明书》的客观说明性。

（四）句式中多用非限定性动词

非限定性动词有三种形式，即现在分词、过去分词和不定式。商务英语说明书要求语言简练、逻辑清晰，因此，常常使用非限定性动词来代替句中的主要动词，这样使得为产品使用者提供的信息更加凝练、不烦琐。

【示例】Each shuttle has an electric control panel mounted in the centre of the shuttle（see Figure 13）. It is protected by a double casing and as seal, which prevents the entry of any liquids from dripping. To access the electrical panel, you need to open the removable top middle cover（see Figure 14）, the upper casing, the seal and the closure ceasing of the electrical panel.

每个穿梭车都安有一个安装在穿梭车中央的配电板（见图13），配电板安有双重外壳和密封装置，用来防止液体的渗入。如果要查看配电板，需要打开配电板顶部中间的活动盖（见图14）、上壳体、密封外壳和闭合外壳。

在例句中，为了简化介绍配电板功能的内容，原文中，就出现了几个非限定性动词，比如"mounted in""to access""need to open"等，替代原先的从句并在从句中做成分，"mounted in"这个过去分词代替了定语从句"that is mounted in the centre of the shuttle"，不定式"to access"代替了状语从语"in order to access"，而"need to open"比较特殊，它并没有代替某个从句，"need"不能单个在句中做动词，因而后面必须加"to do"不定式形式，表示"必须做某事"。

三、语篇特征

英语中的语篇往往是由几个短句或者段落组成的，短句或者段落之间的关系在句子结构层面上是衔接的，多用"but""however""when"等连接词衔接上下文，在语义表达上是通顺的。因此，在商务英语说明书中，为了使语篇连贯，多使用长句衔接上下文，长句一般由几个短句组成，而短句一般由动词短语、从句或者非限定性动词等成分组成，长句虽然结构复杂，但是表意明确。而在翻译时，这些大量的长句由一个中心词和连接套接的修饰成分组合在一起，无论在语言形式上还是在其内容上都不允许把它们依其顺序译成汉语，较为有效的是将其依次分割。由于对象复杂，相互分割的方法也极为多变，从语言到心理的方面来看，有语义分割、语句分割和思维分割。

第三节　多元文化视域下商务英语说明书的翻译

一、多元文化视域下商务英语说明书的译前准备分析

在商务英语说明书的翻译工作中，语言的多元文化是译员需要高度重视的，因此，在翻译过程中不能够简单地从字面意思进行理解和翻译，需要结合文化含义而做出解释。因此，为了更好地完成商务英语说明书的翻译工作，首先要做好充分的译前准备，它不仅可以提高对译文的整体把握，还能提升译文质量和翻译效率。

（一）译前实践准备

具体来讲，需要做好以下几个方面的译前准备工作：

1.了解说明书文本的语言特点和结构特点

说明书是对产品进行介绍和说明，指导用户使用的文书。通常包括介绍产品的性质、结构、设备安装、使用方法、注意事项等方面的知识，由标题、正文和落款三个部分组成。

说明书又叫用户手册。它是指导消费的行动指南，人们可以通过了解产品的特性、掌握产品的操作程序、维护保养等，达到科学消费的目的。它是传播知识

的一个途径，消费者可以了解其中包含的新知识和新技术。它是宣传企业的一种手段，说明书在介绍产品的同时，也宣传了企业，同时起到广告宣传的作用。

说明书包含信息功能和引导功能。信息功能是指附在产品指南上的插图、表格等，既能够促进文本中抽象性的表述变得具体直观，又可以有效地帮助广大消费者准确、快速而又轻松地掌握所要阐述的内容。引导功能是指说明书中的各项质量参数，可以帮助用户正确使用机器。

2. *查找并收集说明书所对应的相关行业的资料*

首先，需要对翻译文本所涉及的行业有一定的了解。在相关行业中，需要了解产品的原理、常用术语、使用方法以及原文所蕴含的文化内涵等，这不仅能够对翻译任务提供一些帮助，也可以提高译文内容的专业度和准确性。其次，可以把查阅相关书籍、网络搜索、咨询专业人员等作为辅助手段，总结相关行业以及社会文化背景信息，为翻译实践做好准备和参考。

3. *查找并翻译说明书中的专业术语*

翻译项目往往会涉及很多术语。不同文化背景下的术语或许会有一定的区别，因此，在翻译时要注意结合相应的文化信息，确保翻译的准确性。西方学者曾经指出，术语是一种语言符号，它们被用作某些领域的专业词汇。中国学者认为，术语一般是指科技词、半科技词和普通科技词，是准确定义科技和社科领域的一定概念的词语，用来记录和表述各种现象、过程、特性、关系、状态等不同名称。

专业术语是特定领域中定义的某些事物的标准行业名称，在国际惯例中很常见。通常情况下，可以通过互联网平台、相关书籍等，以及求助专业人士来搜集专业术语，以提高翻译中对专业词汇的把握。

为了保证翻译质量和效率，需要通过各种渠道来搜集相关信息，提前总结好相关术语，促进翻译文本专业化。这样不仅可以节约时间成本，也能提高工作效率。

（二）译前理论准备

翻译理论是翻译过程中所涉及的理论，这是一项极具复杂性、开放性、综合性的系统，它与众多学科密切相关。借助一定的理论对指导翻译文本起着很重要的作用。在对相关翻译文本进行分析研究之后，可以发现基于多元文化的视角最好使用德国功能翻译理论作为指导理论进行翻译。而之所以将功能翻译理论作为指导理论，是因为功能派主张将目的放在头等重要的位置。该学派认为翻译行为（translational action）和翻译（translation）是两个不同的概念。如果说翻译行为指译者在跨文化交际传播中可做的工作，那么翻译就是他转换文本时所做的工作。可以说，翻译行为及翻译的实质是一种有目的的跨文化交际和传播。

虽然翻译文本的第一原则是信息准确忠实，但这并不意味着翻译要生搬硬套，因此，语言表达形式十分重要。译者要考虑到翻译的商务英语说明书所涉及的专业领域内容及其特点，结合直译法、意译法、词汇转换、成分改变等翻译策略和技巧来翻译文本，努力做到客观、准确、可读、生动等。

1. 功能翻译理论的形成

当代西方翻译理论蓬勃发展，从注重语言和文本的微观研究到聚焦社会历史文化对翻译研究影响的宏观研究，出现了多元的、跨学科的翻译研究格局。在众多的翻译理论中，德国学者提出的功能翻译理论（目的论）独树一帜，把翻译研究关注点转向了译语文化，打破了传统翻译研究的文本中心论，使译者更多地关注翻译文本和目的语读者以及翻译文本的社会功能和跨文化交际传播效应，为翻译研究提供了新视角。

20世纪50年代以美国著名语言学家诺姆·乔姆斯基（Noam Chomsky）为代表的转换生成与法学派提出了系统的形式主义语言学理论。该理论认为，句法结构是生成句法的决定性因素，以词库为基础，以一系列的语法规则为媒介，可以演绎、推导生成所需要的句子。形式主义学派将自然科学的研究方法应用于语言学中，使语言学成了一门自然科学。

20世纪70年代，形式主义研究方法的片面性使其不足以解决所有的语言学问题。如果语言不考虑使用者的意义、语境、社会、心理等因素，会在一定程度上抑制语言的本质，在此背景下，现代意义上的功能主义应运而生。

功能主义思想经过肖恩·尼科尔斯（Shaun Nichols）、阿恩·雅各布森（Arne Jacobsen）、尤金·奈达等学者的发展，终于在20世纪末形成完备的功能翻译理论，其代表人物主要包括凯瑟琳娜·莱斯（Katharina Reiss）、汉斯·弗米尔（Hans Vermeer）、贾斯塔·霍茨·曼塔里（Justa Holz Manttari）、克里斯汀娜·诺德（Christiane Nord）、汉斯·荷尼西（Hans G.Honig）和保尔·库斯摩尔（Paul Kussmaul）。该理论通过借鉴多个语言学派的思想，打破了一直以来翻译理论中源语文本中心论的束缚,从而将视角转移到目标语文本中,成了影响极为深远的学派。

2. 功能翻译理论的指导原则

功能派翻译家将翻译原则分为两类:适用于所有翻译过程的普遍原则和适用于特殊情形的特殊原则。功能派认为,目的法则和忠诚原则是贯穿所有翻译过程始终的两大支柱准则,而其他法则或原则需视情况而定。

(1)目的法则

功能派翻译理论中最重要的理论是弗米尔的目的论。该理论摆脱了原文中心论的束缚,其核心概念是,整体翻译行为的目的是翻译过程的最主要因素,即结果决定方法。在翻译中,受众人员是目的论最重要的决定因素之一。他们有着自己的文化背景、对译文的期待和交际需要。每种翻译都指向特定的受众群体,因此,翻译是在"目的语情景中为某种目的及目的受众而产生的文本"。

目的法则是翻译目的论的核心原则。这个目的有三种解释:译者目的、译文的交际目的和特殊翻译目的。但通常"目的"是指译文的交际目的。此外,目的论包含两个法则:连贯性法则和忠实性法则。连贯性法则要求译文必须能让接受者理解,并在交际环境中有意义。忠实性法则即忠实于原文。忠实法则由交际目的和译者对原文的理解决定。语际连贯和语内连贯从属于目的原则。

由于连贯性法则和忠实性法则必须服从于目的法则,所以,译者应尽力使句子读起来顺畅、连贯,这时连贯法则是符合翻译目的的。如果翻译的目的要求译文文本再现原文文本的特色与风貌,那忠实法则与目的法则是一致的,译者应尽最大的努力去再现原文的风格、内容及特点。如果目的法则要求目标文本与原文的功能有某种程度的区别,那么忠实法则不再适用。因此,目的法则是普遍适用的法则,而连贯性法则和忠实性法则是特殊法则。

(2)忠诚原则

自功能翻译理论形成以来,诺德通过系统归纳功能派的各种学术思想,总结各种批评和回应,发现了目的论有两种缺陷。一种缺陷是与文化特有的翻译模式有关,另一种缺陷是由译者与原文作者之间的关系造成的。虽然翻译中存在忠实法则,但忠实法则要从属于目的法则。

目的法则要求译文不受限制地偏离原文,但若是无限制地脱离原文进行翻译,没有一个度来把握这种背离的话，翻译目的论也就失去了其存在的意义。针对这一不足，诺德进一步提出了忠诚原则，作为对目的论的补充。忠诚原则要求译者在翻译行为中对翻译过程中的所有参与者负责，努力协调好各方之间的关系，也就是说，当发起者、目的语读者和原作者三方有利益上的冲突时，译者必须进行干预，协调并寻求三方之间的共识。

二、多元文化视域下商务英语说明书的翻译策略

（一）词汇的翻译策略

整个多元文化系统含有多个子系统。翻译本身可被看作文化大系统中的子系统。从语言与文化的关系中看，语言是文化的载体，文化又深深地植根于语言。语言在形成和发展的过程中，深深地打上了文化的烙印。一个民族的语言最适合表达该民族的文化。每种语言的词汇语法都是其特定文化造就的。

词汇是构成语言的基本单位，因此，词汇层面的翻译是翻译活动中最基本的部分。在功能翻译理论原则指导下，根据翻译的商务英语说明书文本的特点，通过直译法、意译法的翻译方法，尽可能地保留词组的顺序和结构，以此来保证翻译任务的顺利进行。

1. 直译法

直译法是翻译中常用的方法之一，是指翻译时既要忠实地传达出原文内容，又要保留原文的形式和风格，力求将原文原汁原味地呈现给读者。在翻译商务英语说明书时，若译者想尽可能地把源语所承载的各种文化信息转译到译入语中，可以采用直译法，对其中的词汇进行直接翻译。

2. 意译法

意译法能够体现出一个民族的语言特征，在翻译时不受原文词语表面语义的约束，不拘泥于原文句子的结构，以不同方式表达了原文含义。这种翻译方法在翻译里使用最为广泛。有时也可以选择意译法将源语中的某些词语"本土化"，该译法需要译者了解目的语国家的社会情况、语言文化以及表达方式，从而正确处理词汇之间的关系。

在商务英语说明书的词汇翻译实践中，若译者的目的不是传递源语的多种文

化信息，而是传译某一特定的信息，并希望译入语读者很容易地理解并接受这一信息，则译者更倾向于采用"意译"策略。

（二）句子的翻译策略

商务英语说明书在语言上的特点是规范性和严谨性。根据商务英语说明书的特点来看应该选取德国功能派翻译理论，结合该理论的主要指导原则。在翻译商务英语说明书时，使用词类转换、词义引申、成分改变和语序调整的翻译方法和策略，可以使译文更加规范易懂，在明确中西文化差异的基础上，更好地传达商务英语说明书句子所蕴含的文化信息，达到让读者直观了解产品性能、使用方法和日常维护机器等内容的目的。

1. 词类转译

由于英汉两种语言遣词造句的习惯不同，因此，在翻译时往往需要改变原文中某些词的词类，也就是说，英语的名词可以翻译成汉语的动词、形容词、副词、代词，英语的动词也可翻译成汉语的名词、形容词、副词等。如果只是机械地复制原文中各个词的词类，有时会破坏译文语言的造句规则，影响原文的表达和译文的通顺、流畅。

2. 词义引申

词义引申是所有参与翻译的人员首先必须面对的翻译方法。在英汉两种语言中，即使是相对应的词，有时其词义、搭配、使用方法也是不一样的。在翻译时，不能局限于大脑中对一个词已有的义项去翻译，而应该从原词的内在含义出发，结合上下文语境，切不可随意发挥。

3. 成分改变

成分转换与词类转换类似，但是词类转换只涉及个别词，而成分转换涉及作为句子成分的词或词组。翻译时，主语、谓语、补语、状语等都有可能在译文中转译为其他成分，以符合汉语表达的需要。

4. 语序调整

汉语和英语在语言结构、语法表达上存在很多差异，总的来讲，语序既有固定的一面，又有灵活的一面。为了使译文意思表达更清楚，更符合汉语表达习惯，在商务英语说明书中，可以根据汉语的表达习惯来调整语序。

第八章 多元文化视域下的商品品牌翻译

针对多元文化视域下商品品牌的翻译，通过了解商品品牌背后的含义，并深入分析中西文化差异对品牌翻译的影响，从而解决品牌翻译中忽视文化差异性、不符合商品的市场定位、忽视消费者心理定位等问题，对现实中商品品牌的翻译实践产生指导作用。本章分为商品品牌概述、商品品牌的语言特征、多元文化视域下商品品牌的翻译三个部分，主要包括商品品牌的概念及属性、商品品牌的相关理论等内容。

第一节 商品品牌概述

一、商品品牌的概念及属性

（一）商品品牌及相关概念

1. 商品品牌

关于商品品牌的概念，从不同角度出发对其理解也会有所不同。具体表现如下：

第一，一般意义的定义。按照菲利普·科特勒的观点，品牌一般情况下包含名称、名词等内容，可以单一出现，也可以多个内容同时出现，但是最终的目的就是能够被消费者所认知，并在想起该品牌的时候会联想到其相应的商品。站在企业的角度看，它也是和竞争者相区别的重要手段。

第二，基于品牌战略开发角度总结的定义。品牌主要通过各种类型的因素、活动，最终产生结果，进而构成消费者对其的新认知，展现消费者对于商品、企业的信任程度。总而言之，品牌就是无形资产。

第三，IBF品牌"平衡力"理论认为，品牌在建设的过程中，其工程庞大，并且十分复杂。品牌的有效性，会受到领导力所影响，因此，在品牌建设的过程中，定位的实施就是为品牌确定发展方向，平衡的手段是为了帮助品牌确定方略内容。二者相互协助，以此促进品牌的发展。

第四，品牌代表的是企业、品牌中全部的无形资产，为了便于大众识别，会通过"符号"进行展现。因此，品牌是客体和主体，甚至是企业、消费者彼此影响，最终形成的结果。

第五，品牌实际上是进行识别、了解销售的商品、服务的特征，以此将其与同行业相区分，一般会包含文字、图案等内容。

此外，从广义、狭义的角度对商品品牌概念进行分析，其结果如下：

广义上品牌是无形资产，具备抽象化等特征，通过个性化的设计，便于消费者心智识别，并且可以长期存留在消费者的大脑之中。同时，这也是品牌建设时间很长的重要原因。

狭义上品牌本身具备对内、对外的双重性质，也是促进理念、行为等方面实现标准化的重要方式，并且也是识别系统的总和，此系统也就是CIS（corporate identity system）体系。

科特勒被人们称为"现代营销学之父"，他在其撰写的《市场营销学》之中提到，品牌实际上就是销售者为了促进消费者的购买欲望，会提供的定向的服务组合。品牌的所有者能够利用品牌创造价值，品牌也是其拥有的无形资产，可以有效和同种商品、服务相区分。品牌增值取决于消费者对于品牌的信任度、认可度，所以品牌也是企业和消费者之间通过相互影响作用，进而产生的结果。

综上所述，品牌是企业通过名称、图像或者商标等外在符号，为企业带来商业价值的无形资产。企业通过品牌建设，可以有效为商品提供快速溢价与增值服务，从而最大限度实现商品快速市场化。消费者在商品交换活动中，根据品牌可以快速有效地选择到自己所需要的商品。

2. 商标

（1）商标的概念

商标是商标法的根基和商标保护的重要客体，明晰商标的含义对理解、适用商标法至关重要。在我国现行商标法中，相关制度的构建和实施都是围绕商标这一基本概念展开的。因此，准确理解、界定"商标"这一概念，是解决商标法问题的基础和前提。

商标是一种被赋予商业意义的标识，广泛应用于市场经济中。TRIPS协定中将商标释义为：能够区分不同企业提供的商品或者服务的标记或者标记的组合。《英国商标法》将商标概括为：以图示形式表示的标记，用以说明某一企业的产品或者服务不同于其他企业。在《日本商标法》中，商标是使用在商品或服务上的由文字、图形、符号等要素组成，以及多种要素间的相互组合或与色彩结合等方式构成的标识，作为商品生产、加工、证明或转让为业者使用的标记。通过上述定义不难看出，国外相关法对于商标一词的理解大同小异，可以概括为：能够区分不同生产者提供的商品或服务的标记。商标构成要素则因表述不同存在一定差异。

作为商标研究中的重要概念，商标一词在我国相关法律文件中尚未明确定义，通过分析《中华人民共和国商标法》（2019年修订）第四条、第八条的规定可知：商标申请主体非常广泛，自然人、法人或者其他组织都可以成为商标权利人；商标局负责商标的注册审核工作；标识注册为商标的基本要求是能够将不同生产者所提供的商品或服务与其他人的商品或服务相互区别；构成要素可以是文字、数字、字母、图形、三维标志、颜色组合、声音等，或者要素间的相互组合。除此之外，《中华人民共和国商标法》第十条、十一条从反方向界定了商标的范围，排除了禁用标识注册为商标的可能。但针对第十一条并未全面禁止，即前述标识如果通过使用获得显著特征，能够识别商品或者服务来源的，依然可以作为商标注册使用，此条规定弥补了过去某些标识通过使用产生商标显著性却得不到注册保护的缺憾。以上法条正反两面的规定，从商标主体、商标构成要素、商标禁用、禁注标识等方面对商标进行了界定，从立法层面加强对商标概念的理解与适用。

针对商标的概念解释，诸多学者在研究商标法相关问题时都进行了总结。例如，吴汉东教授主编的《知识产权法》（第五版）中将商标定义为"用以区分不同经营者之间的商品或服务的商业标记；根本目的是把消费者与商品或者服务的经营者通过这种方式联系起来，帮助消费者区分不同经营者提供的同类商品或者服务项目"。杜颖教授在《中华人民共和国商标法》（第三版）中将商标解释为"用在商品或服务之上的，可以区别同类商品或者服务的不同提供者，且具有显著性的标志"。

除此之外，众多学者纷纷表达了自己对商标概念的看法。对比之后发现，他们对商标一词的定义大都包含了构成要素、使用方式、功能、特征几部分内容，虽然表述上各有侧重，但都与商标法现有规定相辅相成，可以帮助我们拓展对商标一词的理解。

通过多方面分析，可以总结出商标一词的含义，作为相关问题的基础。商标是商品或服务的生产者、经营者、提供者及其他相关人员用于商品或服务之上的具有显著特征的标识，该标识可以识别和区分不同商品或服务的来源，不与同类产品相混淆；构成商标的要素具有多元化，如图形、文字、字母、数字、三维标志、颜色组合以及声音等要素以及多种要素的组合。

（2）商标的特征

商标具有显著性、独占性等特征，而其中最为本质的特征便是显著性，没有它商标就没有存在的意义。我国商标法规定，显著性是商标申请注册的必要前提。《商标审查及审理标准》中将商标显著性定义为足以使相关公众区分出商品或服务来源的特性。

显著性要求作为商标使用的标识能够使相关公众区分出此产品与彼产品，以及构成商标的要素也应当具有明显特征，独具风格。最终目的是使消费者能够识别和区分不同经营者提供的同类或同种商品或者服务，以助于商标功能的实现。

显著性又被称为"可识别性""区分性"。显著性是区分商标与商品通用名称的关键要素，也是申请商标注册的必备条件，商标丧失显著性也就失去了商标保护的价值，因此，显著性被学者称为"商标的灵魂"。

（3）商标的分类

最早提出将显著性进行层次划分的是亨利·弗兰德里（Henry Friendly）法官，他按照商标标志本身以及它与其所指示的商品或者服务之间的关联关系的强弱程度，将商标划分为四类：臆造性或者任意性商标；暗示性商标；描述性商标；通用名称。这种"四分法"分类方式至今在学界都占据权威地位。我国学者在对"四分法"进行研究的过程中，将臆造性商标与任意性商标区分开来，《关于审理商标授权确权行政案件若干问题的规定》（以下简称《授权确权规定》第11条中也明确区分了二者的认定情形，由此"四分法"演变为"五分法"，下面将按照其显著性的强弱程度依次排列论述。

①臆造性商标。臆造性商标是指用作商标的标识是商标权人经过创造性的设计、构思产生的。臆造性商标本身不具有任何含义，在此之前从未存在过，因商标权人赋予的内涵而与其提供的商品或服务产生关联性，引导消费者将该标识与商品或者服务的来源统一起来；因此，臆造性商标的显著性程度最高，因其本身的独创性特征，一般可适用于所有类型的产品或者服务且不易产生混淆。

比较典型的臆造性商标有星巴克（Starbucks）咖啡、柯达（Kodak）等，臆造性商标在发挥商标识别功能时效率最高，可以用于全类别注册，无所限制，从而形成品牌效应，有助于商标的全面保护。

②任意性商标。任意性商标是指所使用的标识是现存的、具有字典含义，与其所指示的商品或者服务无任何关联特征，初次接触时，消费者无法通过商标来联想到其产品内容，如"大白兔"奶糖、"苹果"手机等。

任意性商标在与无相互关联的商品或者服务上具有较强的显著性，其显著性程度仅次于臆造性商标。同时，其局限性也非常明显，即在确定商标要素词汇时，只能作字面意思之外的商标进行申请注册，其自身意思因缺乏识别作用、不具有显著性而无法获得注册。

③暗示性商标。暗示性标识是将商品或者服务的某些特质或愿望进行归纳，赋予在商标之上，使消费者在选择其商品或服务时产生一定的心理暗示，达到同类区分目的。

暗示性商标具有一定的描述性，但与描述性商标不同，《授权确权规定》中明确了二者的区分特征，是否属于是描述、说明相关产品或者服务的特征；暗示性商标仅仅靠暗示性语言来表达商品或者服务的特征，从而达到间接地影响消费者选择购买的目的并具有改变其识别来源的功能。

暗示性商标的显著性是由商标权人通过对商标要素的设计、运用获取的。因此其固有显著性程度低于臆造性商标的和任意性商标的。

④描述性商标。描述性商标易与暗示性商标相混淆，判断一个商标属于何种类型时，可以套用以下思路：是否需要联想？是否直截了当？可以直截了当地明确商品或者服务的特性而不需要消费者联想暗示时，就是描述性商标。

描述性商标是对商品或服务的某一特性进行描述，无法通过现有信息识别来源，违反了商标要素使用、注册的红线。通常来说，描述性商标因不具备固有显著性而无法获得注册，只有通过长时间的使用获得"第二含义"后才可以得到商标法保护。

⑤通用名称。通用名称与描述性商标的区别在于：通用名称表达了产品的基本特征，抑或产品的种类；而描述性商标描述的是某一产品的质量、功能、成分等。二者同属于原则上无法获得注册的标识范畴。

通用名称一般是指一类产品的常用名称或者通常用于对一类产品进行描述的表达，包括法定的和约定俗成的商品通用名称两种类型。通用名称不能获得商标注册的根本原因是其本身不具有商标显著性，消费者无法通过该名称匹配到商品来源，但显著性是一个动态变化的过程，某些通用名称可以通过后天培养获得显著性。所以，对通用名称的显著性判断应分类进行。对于法定的通用名称，由于援引指示清晰，标准统一，判断起来相对简单，一般不具有商标显著性；而约定俗成的通用名称因受地域范围、风俗习惯等的影响，认定过程十分复杂，某一标识可能仅在特定地域范围内被认定为通用名称，缺乏商标显著性特征，但在其他区域是否属于通用名称仍有待考察，显著性的有无随标识性质的变化而变化，依照我国商标注册要求，通用名称想要成为商标的唯一出路就是获得"第二含义"，可以说，"第二含义"是商品通用名称成为商标的桥梁。

3.商品名称

（1）商品名称的概念

从词汇学角度，对各国商品名称进行较为全面的分析，将词源、构词、语义、修辞方式等统辞类的短句分析等包括在研究范围内。首先，商品名称、商号名称、商标名称属于商名。又常常和 brand、brandname、trademark 等词共同使用，严格地说，具体区分情况如表 8-1 所示。

表 8-1 商名的不同概念区分

商名（广义）brand	商标名（特定名称）Brandmark	一个圆形的注册商标，具有法律保护的商标权
	产品名（通用名称）Brandname	表现为单词的商品的一部分，包括消费者、销售者、厂商使用的产品名称，大多情况下包含商标名称
	商号名（社名）Tradename	制造商公司名称

仔细观察商品名称的概念，常常会出现商标名称和商品名称混用的情况。为了不被混淆，对商品名称的概念有必要进行详细的说明。

根据《辞海》中的解释，商品名称，亦称商标名，是一家企业基于商业目的所使用的贸易名称，不过可能与企业本身用于签约及其他正式场合所使用的注册名称有所出入。

从《辞海》中可以看出，商标名称和商品名称可以看作同一体系来研究。但是细化来看，它们各有不同的意义。

商标名称是指将特定企业的产品或服务用来识别销售者，并与竞争者的不同而使用的名称、符号、象征、设计或其组合。

商品名称是具体某种商品的称呼，它具有区别于其他商品的功能。命名的方式一般以文字形式表示，一般从两个方面着手：一方面是商品本身特征，包括商品的功能、形象、象征意义；一方面是商品的客观条件，包括商品的产地、原材料等。商品名称是生产者或供货者给自己的商品加上的专有名称。

举例来讲，超市中不同的商品名称可简称为"品名"，如"洽洽多味瓜子"中的"洽洽"为商标名称，"多味瓜子"为商品名称。

商品名称界定范围应该是把公司名或商标名排除在外的。但事实上，也存在着由商标名称构成的商品名称，如不老林糖等，这是由于不老林品牌只有不老林糖这一个商品，这种情况可以把商标品牌名囊括进去，看作一个商品名称。也有相当大一部分商品的商品名称就是他的商标名称，如三养（拉面）、康师傅（矿泉水）、士力架等以及食品中的酒类和全部的服饰类商标名称就是其商品名称。

（2）商品名称的分类

商品名称和商标同属于商业标识的范畴，商品名称是为了与其他商品品类相区分而使用在本商品之上的称呼，如"衣服""皮鞋"等。主要包括两种类型：一种是商品通用名称，另一种则是商品特有名称。

①商品通用名称。对于商品通用名称的概念，在我国立法中虽有提及，但并未形成统一规范，理论界与实务界的相关讨论众说纷纭，难以定论，因此在处理商品通用名称问题时争议颇多。《中华人民共和国商标法》在第十一条第一款、第四十九条第二款以及第五十九条规定中均提及通用名称一词，但对于什么是通用名称，却未像"集体商标""证明商标"一样予以释明，因此对于通用名称一

词的概念理解，需要从其他路径深入分析。

在最新修订的《商标审查及审理标准》中，国家商标局和商标评审委员会对商标法中的通用名称做出解释，即由国家标准、行业标准规定的或者约定俗成的名称，包括全称、简称、缩写、俗称等。

最高人民法院发布的《关于审理商标授权确权行政案件若干问题的规定》这一司法解释中也有相关规定：如果该商品名称属于法定的或是约定俗成的类型，则应认定其属于商标法中的通用名称。

除此之外，各法院在处理商品通用名称争议案件时，也对通用名称做出了自己的理解。如北京知识产权法院认为，商品通用名称是指一定区域范围内或行业内的公众共同使用的，能够明显区别不同商品属性的规范化称谓。浙江省高级人民法院则认为，通用名称是指国家或某一行业所共用的，反映不同种类商品或服务之间根本区别的法定或者约定俗成的商品或服务名称。江苏省高级人民法院则认为，通用名称因不具有识别功能，无法明确商品的生产者，而在行业范围内普遍应用的称谓。

此外，学界学者也纷纷表达了对通用名称的理解，对通用名称的概念进行了更深入的剖析。吴汉东教授认为，"商品通用名称是表示对同一类商品或服务的一般称呼"。冯晓青教授认为"商品通用名称作为区别于其他类别商品的一种标识，主要用以表示商品本身的自然属性，具有通用性、普遍性和地域性特征"。黄勤南教授则认为"商品通用名称是为了与不同种类商品或者服务相互区别而使用的规范化称谓，既包括全称，也包括日常生活中惯用的简称、俗称、别称等，如收音机、电视机"。

通过对比和分析，针对"通用名称"一词总结出以下定义：商品通用名称指的是在全国或行业范围内由相关公众所共同使用的，反映商品种类、型号等自身属性的通用性称谓，包括全称、俗称、简称、缩写等。具体来讲，主要包括以下特征：

第一，通用性。通用性指的是商品通用名称应当在一定的时间或空间范围内受到相关公众普遍使用的特征，该标识已被相关经营者或消费者广泛应用于商品流通及日常生活中，其内在含义涉及广泛性和规范性的要求。

广泛性要求通用名称的使用必须涉及一定的区域范围，该范围广度不限，既可能是世界性、国家性的，也可能是地区性的，在该范围内受到普遍认可和使用，就符合广泛性要求；规范性要求该通用名称的使用应当符合相关公众的一般理解，其指代的商品或服务种类的含义在长期使用中固定并形成规范，并将此含义作为理解和评价他人行为的一般标准。通用性更注重的是该商品通用名称的应用是否已被相关公众足够接纳和认可。但实际上，商品通用名称所指代的内涵与通用性并不是一成不变的，信息的多样化发展会引发公众认知变化，从而使商品通用名称的性质发生变化。

第二，公用性。公用性指的是商品通用名称为所有经营者、其他相关人员所共同使用而不被任何一方所独占的特性；商品通用名称作为一种公共性资源，在商品流通中发挥着极为重要的作用，尤其对经营者或其他相关人员来说。

当某一行业内的通用名称被某一经营者独占使用时，该经营者就对该通用名称取得了专用权，即排斥同类商品经营者自由使用该通用名称的权利，其他经营者不得不另谋出路，寻找或自创其他能代替该通用名称的替代词，徒增了大量的金钱、时间成本。同时也严重影响了消费者的选择时间成本，消费者面对陌生的产品往往要耗费更多的时间精力进行筛选。更重要的是，通用名称一旦遭到"个人垄断"，势必会增加大量盈利，若经营者及相关人员纷纷群起效仿，将会对正常运转的经营秩序造成严重损害，违背商标法的立法本意。

第三，非来源识别性。非来源识别性指的是商品通用名称不具备识别、区分商品或服务来源的特性；识别功能可以帮助消费者识别并区分出不同商品或服务的来源，并且能够对相似商品或服务的生产者、提供者进行快速分辨。

因此，识别功能被认为是商标的核心功能，甚至是唯一核心的功能。正是由于商标识别功能的发挥，消费者可以高效地辨识出相同或相似商品或服务间的细微差别，同时也为商标权人参与市场竞争提供了权益保障。而商品通用名称正因这一功能的欠缺而无法注册为商标使用。

②商品特有名称。商品特有名称，是指特定的商品或服务的生产者、经营者、提供者为其生产、经营、提供的商品或服务特地选用并且自行命名的产品名称。国家市场监督管理局（原国家工商局）发布的第33号令中对知名商品特有的名称进行了规定，知名商品特有的名称指具有知名度的商品所独有的，与商品通用名称有显著区别的商品名称。

商品特有名称一般与其商标是一体的，二者结合使用，权利人享有独占使用权。实践中也有法院认可某标识既是商品特有名称又是该商品的商标。例如，河北三河福成公司与昆明福成公司的"福成肥牛火锅"案。商品特有名称一般是由商品生产者、经营者或者服务的提供者另辟蹊径创造出来的，具有不同于一般商标的超强显著性，更易被消费者分辨与认可。正因如此，也更易引起商标侵略者的注意。随着时间的推移，当某一知名品牌被公众所熟知，若不注意商标保护，最终将受到商品通用名称危机的侵袭。

（3）商品名称的功能

商品名称有许多研究方向，研究范围广，特点多。商品名称的初衷是"产品定位"和"发展前景"。但考虑到时代背景、消费对象等因素，商品名称成为时代因素设定商品名称的重要标准。从其他方面来说，设定的商品名称是否能引起消费者的好奇心，提供好的质量和服务也很重要。商品名称的前景理念也有多种标准，包括语言学、市场评价学、心理学等。可见商品名称对消费者心理和认知度的影响也正在扩大。

在商品名称的研究上，学者随着当今时代背景和市场经济的发展，正在重新更换商品名称的设定理念。到目前为止，通过设定商品名称，主要表现商品购买态度的效果、联想效果、企业扩张产品的引导效果。该学科作为商品名称的研究范围，是基础学科和交叉学科以及实际应用的学科，具体如图8-1所示。

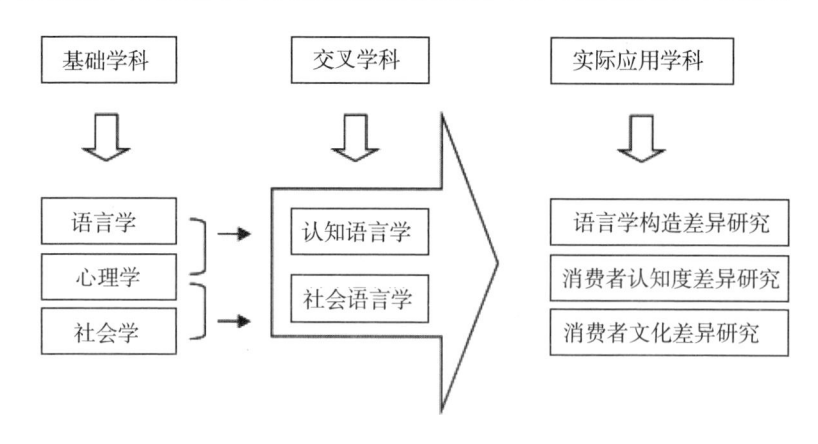

图8-1 商品名称的研究结构

商品名称的研究结构，如图8-1中的一样，由语言学、心理学和社会学构成。语言学、心理学和社会学构成研究的基础。语言学与心理学相互渗透构成认知语言学科，由它们在实际应用中出现的语言学结构差别，主要体现在消费者的认知差异和文化差异上，是现代商品名称在实际应用领域中的主要研究课题。

根据上述商品名称的研究范畴，商品名称的功能可分为市场功能和语言学功能。商品名称的市场功能主要可分为5种，即产品识别、促进广告和表达效果、维持和控制市场份额、稳定价格的功能、产品组合的扩展功能。尽管商品名称的市场功能与语言学功能类属两个范畴，但两者相互联系、相互影响，有相当大的共同点。因此，商品名称的功能可以分为3种与之相对应的语言功能。

①语言形式的独特性。商品名称有助于识别购买者想要的产品或服务，并通过表示生产信息成为保护消费者的手段。故而，商品名称也会以某种独特的表现形式出现，不同于教科书中的标准语言文字，有时会故意写成错误或者有语病的词语短句，以给人留下深刻的印象。它们往往强调个性，有独特的表现形式，人们很自然地将其作为日常用语来使用。特别是青少年，与成年人相比他们吸收新语言的速度更快，商品名称和日常生活有联系，因此，在不知道是不是错误的情况下，也常常将其当作日常语言使用。商品名称不仅起到购买商品的媒介作用，而且与我们的语言生活也有密切关系。像这样，商品名称除了简单地给新生商品赋予意义，并给其命名之外，还将赋予新生商品语言之外的附加功能。

②强烈的说明性。说明性是商品名称功能中最重要的功能。说明性，就是对产品的说明效果。可以介绍商品的性能和用途，也可以联想到消费者。因此，选择用短语作为产品名称，对商品功能、企业形象进行多重考虑，以满足消费者需求，往往词语越多、越详细，就越具说明性。但为了保证语言的简洁，商品名称的语言结构往往由几个词汇组成，有公司名、商标名、产品名、产品类型名单独使用的情况，也有两种或三种组合使用的情况，只用寥寥几语便足以满足上述要求，证明其具有强烈的说明性。

③词汇的多义性和商业性。通过设置商品名称，有些商品具有由组成的语汇所蕴含的许多意义，以谐音等方式强调商品名称。此外，商品名称不仅在直接传达商品信息方面很重要，且具有提高一个公司形象的作用。一般商品名称也和商标名一样冠以公司名称使用。作为一种特别的促进消费者购买的方法，将继续购买特定企业销售的产品的消费者聚集在自己公司的周围，并使其固定化为"回头客"，对消费者进行说服或使其对自己的商标产生理解习惯，从而刺激消费者的

购买欲望，引发重复购买。

随着时代的发展，把商品名称只当作商品名字的时代已经过去了。商品名称中出现的语言可以快速反映出目前人们正在使用的语言的面貌。明确这些商品名称的设定目的和功能，其特征可以概括为：商品名称是以产品包装，产品本身的质量、形状和以外的方法来表示的。独特的商品名称不仅语言识别性好，还可以让消费者在商品上形成更高的专利税，在法律上得到保护，同时在知识产权上也得到法律的保护。

因此，在设计商品名称时，在语言上应该考虑上述语言学特点，注重商品名称的个性，多采用独特的表现形式，使人们把它作为日常生活中的语言。广告商和销售员为了占领具有效率性的市场，也根据这些特点及功能正在设计新型商品名称战略。此外，为区分不同企业的同一产品，消费者容易掌握产品功能和属性的名字、与产品属性无关的名字、包含品牌故事的名字等商品名称开始登场。

（4）商品名称的原则

商品名称的原则根据参考的书籍资料不同会有所差异。如吴志凤、刘绍仁、叶绩明在《关于农药商品名称命名原则和程序的建议》一文中指出：商品名称应文明、严肃、通俗、简短、便于记忆，一般以2~5个汉字为主，反映其特点。李美英在商品名称语言特征研究中提到，商品名称应该语言简洁、便于记忆、有个性、符合产品特点等。

由此可见，商品名称的原则大同小异。大致可归纳为以下四条原则：

第一，商品名称从语言上看，要简洁易读，易于记忆。要选择和设计出特别好且未知的词。

第二，商品名称要与产品内容相协调。商品名称要能很好地传达产品的功能和优点。

第三，要符合社会文化价值观和心理取向。

第四，要顺应国际化趋势，顺应流行和社会变化。

4. 相关概念的联系与区别

（1）商标与商品名称的联系与区别

商标与商品名称既有联系，又有区别。这里主要从商品通用名称的角度出发，阐述二者之间的关系。

在商标法中，商标与商品通用名称之间似乎不存在关联关系，无利益纷争，而实际上，二者在交互之间存在诸多联系与区别。究其原因主要是商标构成要素与商品通用名称的构成存在一定的相似性，从而为两者的相互转化提供了基础。

①商标与商品通用名称之间的联系。商标与商品通用名称在本质上都是通过反映商品或服务的特性而为生产者和消费者服务的商业标识，二者相互结合，即当我们提到某一品牌时，必须有指向对象，在其后说明使用该商标的商品。

商标与商品通用名称在一定条件下又可以相互转化，彼此之间具有紧密的关联性。依据我国商标法的有关规定，原本属于商品或者服务的通用名称的，一般不能作为商标标识申请注册，但是经过后期使用获得商标显著性，能够使消费者辨明来源的，则可以注册为商标进行使用。由此可以说明，商标与商品通用名称的性质随着商标显著性的变化而变化。商品通用名称可以通过后期使用取得显著性，拥有"第二含义"，进而获得注册商标专用权。同样，商标也会因内在或者外在原因丧失显著性而退化为商品通用名称，从而失去对商标权的专属保护。

②商标与商品通用名称间的区别如下：

第一，是否具有商标显著性要求。商标的识别功能要求其本身必须具有显著性特征。商标作为使用在商品或服务上的标识，是一种承载商品或者服务来源信息的最简洁的信息符号，其最基本的功能就是识别功能，能够识别同种类商品或服务的不同提供者、指示商品或服务的来源，使消费者在同种类商品或服务中精准定位某一特定经营者提供的商品或服务，有利于防止消费者产生混淆，避免受到误导或欺诈。

商标能够识别商品或服务来源的关键在于其显著性特征。显著性程度大的商标，可以使其商品在同类商品中形象特定化，便于消费者认牌购货，基于此，商标才可能成为消费者购物的向导和商品的无声推销员；那些缺乏显著性的商标，意味着商标功能的丧失，消费者无法再依据商标线索搜寻商品或服务的来源，失去识别功能的商标也就失去了存在的意义和价值保护。因此，申请注册的商标应当具有显著性特征，显著性是商标的灵魂。

商品通用名称不具有商标显著性特征。商品通用名称与商标之间的最大区别就是其本身不具有识别来源的显著性，商品通用名称指向的是商品或服务的类别，如大米、电视机，而无法指明商品或服务的具体提供者；商品通用名称回答的问题是十分宽泛的,与商标相比,商品通用名称解决的是"你是什么——我是手机"的问题,而商标解决的是"你是谁——我是华为手机"的问题。这种识别来源功能的欠缺正是因商品通用名称本身不具有商标显著性,无法使消费者识别、区分商品的生产者、服务的提供者是谁,从而无法发挥商标功能,也是通用名称不能被注册为商标的根本原因。

第二,权利归属不同。商标归属于私有领域,是商标权人的私有产物,其实质是商标权人对商标所享有的一种排他性权利,排除他人的占有、使用行为。它是基于商标权人的付出而产生的,属于财产性权利,具有专属性,权利人通过对权利的行使获得利益;同时,也要注意对商标进行权利性保护,否则可能面临落入公共领域的威胁。

商品通用名称属于公有领域,是一种全行业乃至全社会共同使用的公共性资源,不属于任何个体。一旦被某家企业所独占使用,整个行业的经营秩序将会受到冲击,将严重阻碍商品或服务正常的市场竞争行为。

③商标与商品通用名称冲突间的原因具体如下:

第一,个人利益与公共利益的博弈。商标与商品通用名称之间出现冲突的根本原因在于二者的权利属性不同。一个代表私有权利、个人利益;一个代表公共权利、公众利益。它们之间的利益冲突常处于一种不可调和的状态,偏向任何一方都将会给另一方造成巨大损失。

第二,商标与商品通用名称的相互转化。商标与商品通用名称之间发生冲突的主要原因在于商标与商品通用名称之间可以相互转化,商标在使用过程中可能因显著性的丧失而逐步退化为商品通用名称,相应的,商品通用名称也可以因获得显著性,成为商标进行注册。

显著性是商标申请注册的必备要件,显著性的有无影响商标保护的范围,因此,商标退化为商品通用名称,意味着商标权保护范围的缩小甚至消失;而商品通用名称成为商标则意味着商标权保护范围的扩大。权利的扩大或缩小严重影响了商标权人以及社会大众的利益,从而导致商标与商品通用名称之间出现冲突。

第三,商品通用名称认定标准规定不清。实务中,在处理商标与商品通用名称争议案件时,其矛盾主要集中在对商品通用名称的认定采用何种标准的问题。我国对商品通用名称认定标准的规定十分模糊,仅笼统地规定了适用法定标准及约定俗成的标准，人们无法据此做出快速有效的判断，并且容易出现不同法院不同结果或同一法院不同结果的现象。因此，加深了商标与商品通用名称之间的冲突。

（2）商标与品牌的联系与区别

①商标与品牌的联系。商标与品牌的联系主要体现如下：

第一，商标和品牌都是为了区分企业的类似商品和服务。商标和品牌都代表了一种商品或是服务，并且通过名称、标记等直观的元素来表示，由此可见，一种商标或品牌所代表的必定只能是一种商品或服务。本质都是为了让消费者更好地辨识产品与服务。以潘婷为例，潘婷作为宝洁公司旗下的一个洗发水的品牌，区分于其旗下的海飞丝等其他款洗发水品牌，也区分于其他公司的旗下品牌。潘婷以文字潘婷和图形整合作为其商标，给人以视觉上的形象，从而区分于其他类似商品。

第二，商标和品牌都具有保护商品和企业的作用。商标从法律层面对商品和企业进行保护，拥有了法律认可和保护的权益，才能享受品牌带来的种种好处，而且这种保护体现在产品和企业创立的始终，即商标一经注册就开始发挥保护作用。而品牌的保护作用体现于品牌在获得了市场的认可之后，当消费者对品牌产生消费偏好，品牌就成了企业的无形资产，基于此，企业才有为商品差别定价的可能，从而产生竞争优势。特别是知名品牌，相对于普通品牌而言，能更从容地应对市场风险。

②商标与品牌的区别。商标与品牌两者所包含的范围和使用的领域是不同的。一方面，商标与品牌所包含的范围是不同的。商标是品牌中的标志和名称部分，便于消费者识别。而品牌的内涵远不止于此，它不仅仅是一个易于区分的名称和符号，更是一个综合的象征。另一方面，两者所使用的领域也不相同。商标是一种法律概念；品牌是市场概念，品牌的一部分依法经过注册，受到法律保护后成为商标。通过商标专用权的确立、转让、争议、仲裁等法律程序，商标所有者的合法权益得到保护。品牌是企业与消费者之间的一份无形契约，是消费者选择商品的依据。因此，可以说商标掌握在企业手中，而品牌属于消费者。

（3）商品名称与品牌的联系与区别

商品名称与品牌同样作为商品的标志，是有一定联系的。但是，二者之间又有所区别。品牌主要表明产品的生产和销售单位，由品牌名称和品牌标识两个部分构成。品牌名称指的是品牌中可用语言表达的部分；品牌标识指的是品牌中不能用语言表达但可被识别的部分，如符号、图案等。商品名称则是具体某种商品的称呼，主要体现了商品的特点与功能。

（二）商品品牌的属性

根据山田敦郎的《品牌全视角》中关于品牌属性的描述，品牌作为商品的高级抽象形态，是消费者在商品交易过程中对其内涵认知的体现。有学者认为，品牌属性是指能满足消费者对其基本功能、商品质量与服务、商品形象、心理情感等方面的基本需求，其一般包括内在属性与外在属性。

1. 内在属性

内在属性是指商品基础功能、服务保障等要素，具体包含品牌的功能属性、利益属性、价值属性、文化属性、个性属性。

功能属性是商品的核心属性，是商品打动消费者的根本。功能属性越强，越有特色，商品越能获得消费者的青睐。在实际操作中，功能属性大都通过联想得以表现。如奔驰汽车，其塑造的高性能、高质量、高技术与高价值等内在属性形象，消费者对该系列商品的汽车有经久耐用、制作精良、技术可靠、产品保值的印象。

利益属性是指消费者在使用商品的时候，商品能为消费者带来正面的使用满足感。如奔驰汽车"制作精良"，可为消费者带来安全、耐用、使用舒适的情感满足。利益属性是从消费者自身角度出发而提出的基本属性，是商品生产者必须满足的重要生产准则。

价值属性是指商品品牌为消费者能带来的价值形象。不同的研究者对商品的价值属性理解不同，但核心均离不开商品品牌作为无形资产，其所体现的社会性价值。商品价值属性应尽可能与消费者价值需求相匹配，满足其社会性能。如奔驰汽车通过价值评估获得了"高声誉""高档次""高性能"等价值属性，不断吸引社会各界的名流去选择它。

文化属性是指企业赋予商品的内涵，代表着商品设计的价值取向、品位档次、情感表达、生活态度以及审美情趣等。品牌的传播最终还是文化的传播。如白酒行业中的"江小白"，其通过对商品赋予文艺、清新的特色，传递出一种简单而纯粹的生活态度，最终在青年消费群体中获得广泛的欢迎。此外，品牌文化也在一定程度上代表着地区、民族甚至国家的文化，是传统文化基因的具体表现。如奔驰汽车，其通过宣传汽车的加工精细化不断向外传递出德国文化中的严谨、求实的工作态度。

最后，品牌的个性是指品牌文化中所表现出来的与众不同，独具特色。如奔驰汽车其所塑造的品牌个性为"知趣而不啰唆"。品牌个性是品牌差异化发展的结果，是提升品牌辨识度的有效途径。

2. 外在属性

外在属性是指依附商品而生的属性，该部分并不是商品生产加工而与生俱来的，而是商品经营者通过后天的努力成功对其赋予的。具体而言，包括如品牌名称、品牌标识、品牌印象等。

品牌的外在属性不能脱离商品而独立存在，是商品内在属性高度市场化后的产物。消费者在购买商品时，往往会通过其外部属性对商品的内部属性进行主观的判别与辨识。在此过程中，消费者对商品的认知具体可以分为两类，即品牌再认与品牌回忆。品牌再认是指消费者在购买某商品时，通过品牌的暗示信息，可有效分辨出商品的特色。而品牌回忆是指消费者在特定的需求背景下或场景下，通过消费需求的提醒，可以快速联想至商品品牌。

通过对消费者品牌认知过程的分析可知，品牌为消费者的第一印象留下深刻而有意义的痕迹。因此，商品品牌可通过建立一个响亮的品牌名称，并在此基础上设计统一而具体的品牌外观形象，并配以一定的具有新意的广告宣传语，通过品牌营销，反复宣传实现商品品牌的知名度。

二、商品品牌的相关理论

（一）品牌形象论

大卫·奥格威（David Ogilvy）率先提出品牌形象策略，他认为类似于香烟等差异很小的商品，很难利用"USP法则"制定广告宣传策略，或者给予同种类型的商品广告实施差异性的广告策略。实际上，这就是广告表现转化方面的问题。对于怎样解决此问题，奥格威提到，通过品牌形象的转变，此问题直接迎刃而解，所以其提出了品牌形象策略。利用策略帮助企业明确品牌形象问题，通过宣传品牌形象扩大品牌的影响，同时提升企业的竞争优势。

大卫 A. 艾克（David A.Aaker）提出了品牌资产"五星"概念模型，他认为品牌资产包含的是品牌知名度、品牌认知度、品牌联想度、品牌忠诚度、其他品牌专有资产。在此模型中认为品牌属于视觉的感性表达，并且融合了文化形象。品牌也代表了商品标志，同时也是企业对消费者做出的信誉标志。针对品牌资产进行评估，这是企业了解消费者对品牌的态度的重要方式，所以，品牌资产评价的决策者是消费者。

品牌形象是广告设计者利用市场调研信息，针对品牌进行形象的设计，以此在品牌和事物之间建立联系，也就是硬性联想，如洗衣粉的代表词就是清洁、不褪色等。奥格威的观点中提到，商品在现代的社会中逐渐趋于同质化，因此就需要提升商品的软属性，以此增加同种类商品之间的差异。软属性一般指的是情感需求。例如：万宝路代表了男性、粗犷等词汇；联想代表着科技等。利用个性化的形象设计策略，让消费者充分感受到企业的品牌宣传的核心内容，而且消费者也可以通过商品展现自身的生活模式、价值观等。奥格威还提到，软属性的出现有助于区别品牌，企业在建立情感利益之后，同行业的竞争者是无法效仿的。

（二）品牌定位理论

品牌定位是指以消费者需求为导向，以行业及当前市场实际情况为基础，通过对品牌商品的功能属性、利益属性、价值属性、文化属性以及个性属性等方面进行全方面解析，找出商品的差异化特征，最终迎合消费者的消费品位。

美国营销学家菲利普·科特勒在温德尔·史密斯（Wended Smith）的市场细分理论的基础上完善了品牌定位分析理论，提出了基于消费者、市场以及企业的 STP 理论，即市场细分、选择合适的市场目标以及市场定位理论，这一理论为现代企业的品牌定位奠定了坚实的基础。

STP 理论认为，市场是一个综合了各类消费人群的合体，由于消费者群体的个性需求、所处阶层、所接受文化以及其自身的市场购买力等方面存在多元化、多层次等特性，任何企业均无法同时满足市场的所有需求。因此，企业应根据当前商品的销售客户群体与市场动态行情，基于消费人群的消费习惯、生活方式、文化修养、个性心理以及对待商品品牌的态度、忠诚度、利益价值等方面的信息进行消费人群需求细分，即市场细分；选择合适的市场目标则是指选择其中可满足精准需求点的市场作为企业发展前进的方向，然后集中企业优势资源满足其选择的目标市场，即市场定位。

STP 理论的核心是通过消费人群的细分确定企业在商品与服务方面的合理定位。在实际操作中，消费人群的细分一般可通过消费者在商品交易过程中的偏好属性等进行分析，企业可在此基础上进行差异化设计，完成商品销售的独特性主张，为后续品牌设计、营销等提供核心内涵。

因此，品牌的定位应遵循差异化、个性化原则，并在实践环节中不断根据消费者价值导向的变化，动态调整其自我定位。品牌差异化是指商品品牌要有区别于市场中其他同质商品的属性，并且该差异化让竞争对象难以实现快速复制，而个性化则是品牌所要传播的文化与价值理念，要符合消费群体中人的价值理念，满足其对自我价值与个性张扬的需求。

品牌定位在具体操作时，主要可以从以下几方面综合考虑：

第一，迎合消费者情感诉求与个性表达。商品的交易不仅仅是买卖简单动作的过程，更是消费者情感与意志表达、个性张扬的集合。品牌的定位一定要迎合消费者心理状态的变化，让消费者在消费过程中有美妙的情感表达并获得满足感，最终逐渐形成对品牌的忠诚度。

第二，市场与消费者的发展趋势以及企业未来的发展规划。品牌的建设是一项长期工程，是需要经历市场多年反复锤炼与积累的。品牌的定位也不能朝令夕改，因此，品牌定位首先要分析行业的发展动态以及未来的发展趋势，结合消费的需求以及企业长期规划，制定出满足三者的基础框架。

第三，寻找市场的细分领域与机会点。消费者在同质商品市场中，其消费习惯、消费品位以及欲望、个性等均不相同，整个市场被分为若干个需求类似的小群体，即细分领域，通过对细分领域的个性化理解与分析，精准把握消费者的需求痛点。领域越细，需求越明确。因此，在消费市场中，任何商家与商品均不可能切合所有的细分领域。企业应立足当前发展现状，分析当前市场中消费者未获得有效满足的细分领域，即寻找到企业发展的机会点。

第四，凝聚商品特色与企业商品优势。品牌定位要以商品为本，通过凝练商品的优势与特色，构造出品牌的差异性。品牌特色要鲜明，不能模糊，不然会让消费者难以信任。品牌特色要突出商品的亮点。亮点是商品优点，但亮点不能太多，亮点太多则没有亮点，在商品品牌定位与优化过程中，一定要对商品的优势进行聚焦分析。

品牌定位是品牌建设的方向与基石，只有明确被服务的消费群体，明确其个性需求与价值理念，才能塑造与之相对应的商品品牌理念。当然，品牌定位也得结合企业与商品自身的发展现状，并不是盲目追求热点方向、高端方向，高而不及，最终企业无法保证商品的品质。当企业无法与行业巨头进行面对面竞争时，就需要以科学方法分析自身的特点，扬长避短，打造适合自己的商品品牌。

（三）品牌传播理论

品牌传播（Brand Communication）是企业利用品牌的相关讯息吸引消费者的注意力，并且刺激消费者能够购买商品，以及通过品牌的宣传，让消费者能够更深刻记住品牌。品牌传播实际上就是增强消费者记忆的一种方式，并且这种方式比较多样化，在企业的战略发展过程中，营销也是十分重要的手段。在品牌传播的过程中，需要再增加创意性，并且通过各种方式提升企业品牌的发展，以此占据更多的市场，这也是实现企业经营目标的重要手段。品牌传播实际上就是利用创新手段，以及通过其他多样化的手段构建品牌名声，对企业来讲，品牌名气越大，其影响力的范围也就会越广泛。

品牌传播的重要手段，就是通过创新的方式，构建品牌名气和影响力。美国营销协会认为品牌就是名称、术语、符号等因素的组合，主要是为了能够将其和同行业的商品、服务进行有效区分，而且还能够方便消费者对商品、服务进行识别。

在企业的经营中，品牌的竞争、建设十分关键，为了提升消费者对于企业的青睐，就需要增强品牌方面的宣传。现如今，品牌的传播途径有所发展，除了传统的电视、报纸等渠道外，还出现了网络等宣传渠道，为企业提供了更加有效的宣传手段。在宣传的过程中，需要通过更加有效的宣传手段，促进品牌的传播和发展，让消费者能够逐渐受到宣传的影响，进而提升对品牌的认知和青睐。

（四）品牌设计理论

品牌设计是指企业根据品牌定位，对企业所要表达的文化理念与商品价值理念进行凝练，然后通过商品的外在形象，如品牌故事、品牌名称、品牌包装、品牌 LOGO 以及品牌的广告宣传语等进行商品的差别化展示。

品牌设计的概念与内涵定义最早可追溯至 1907 年 AEG 公司的彼得·贝伦斯（Peter Berens）通过对公司各类标志物、外观形象等环节的统一规划设计，为企业营销其文化内涵提供了精准、快速而有效的品牌匹配效应。因此，品牌设计环节主要包括文化提炼、品牌价值体系设计以及品牌视觉形象设计等。品牌设计的主要目的是对市场中同类型商品完成独特形象展示，突出商品个性，最终完成商品的差别化设计。品牌设计的本质是企业为消费者重新构造一套商品认知体系。

品牌文化提炼是指根据企业当前特色与市场中消费者的需求，提炼出符合消费者的认知习惯，同时，使商品品牌具有一定独特创新性的文化内涵的过程。品牌文化提炼是品牌价值观的具体展现，是企业文化输出的精髓。通过品牌文化与消费者个人价值交流，可有效提高消费者对商品的认可度。品牌的文化一般通过品牌故事进行形象化、具体化。如康美药业通过"康美之恋"的故事，塑造了一对神仙眷侣般的恋人采药、制药、治病、救人的形象，完美诠释了康美药业心怀苍生、大爱无疆的文化价值理念，最终使得品牌受到消费者普遍青睐。

品牌价值体系的设计是指企业为商品赋予除基本功能外的其他利益价值的过程。在设计品牌价值体系时，要求突出除商品基本功能属性外的其他对消费者产生利益共鸣的属性，即突出商品的卖点。该价值体系是当前多个系列商品多重属性的精髓，因此，在设计过程中应遵循简单明了、特色突出的特点，卖点不宜过多，不要增加辨识的复杂性，同时，卖点也应清晰明了，向消费者准确表达自己的独特优势。

品牌视觉形象设计是指在品牌输出过程中品牌的具体实物表现形式。主要包括品牌的名称、LOGO、品牌包装以及品牌的广告宣传语等内容。品牌形象设计的主要目的是吸引消费者注意力，使消费者在接触商品的第一时间就留下深刻的印象。品牌形象设计一般要求既体现企业的一脉相承与文化基因属性，同时，也结合当前消费者视觉认知习惯，通过多元化、现代化的方向进行全方位多角度展示。品牌形象设计不仅是商品特色基因的诠释，更是艺术设计在品牌建设上的具体应用，因此，企业作为商品品牌的设计与建设者，必须对品牌视觉形象有清晰的认知要求，以便艺术设计者根据美学与视觉特点设计出满足实际需求的商品。

（五）品牌营销理论

品牌营销是指生产企业针对消费者实质需求通过对商品品牌外在形象化设计，将商品的品质、文化属性以及商品的独特性快速而准确地向消费者进行传播，使消费者与商品品牌在价值体系、利益体系以及服务需求等方面产生共鸣，最终促使商品的快速输出与品牌形象的快速拓展。

早在20世纪60年代，杰罗姆·麦卡锡（Jerome McCarthy）在其《基础营销》中将营销分为产品（Product）、价格（Price）、渠道（Place）以及促销（Promotion）四大部分，即著名的4P理论。产品是企业从产品功能、品质、服务等多方面通过多元化、多层次等方式尽可能提高产品的市场覆盖面。价格是指营销过程中企业通过多种不同的定价策略谋求产品的推广与销售。渠道是指企业将产品及时有效地传递给消费者所必须经历的各个环节。促销是指企业利用各种信息传递手段与方法将品牌内涵及时准确地传递给消费者的方式。

因此，品牌营销是以商品品牌为基本，让消费者切实地满足其实际需求，在使用过程中获得满足感，而商品品牌必须依附其商品。在构造品牌营销方案之前，企业应保障其商品的质量与服务，以消费者的需求为导向，打磨商品。

品牌营销的本质是让消费者在产生商品需求的同时，能有效通过其所宣传的个性、形象、利益点、服务等具有一定暗示作用的品牌要素联想至商品与品牌。因此，对品牌营销来说，如何将品牌的相关概念与企业赋予品牌的内涵高效传递给消费者，并在消费者心中留下不可磨灭的印象，让消费者从认可商品及其背后的文化，到喜欢钟爱其商品与文化理念，这是市场营销团队所需要重点解决的问题。

4P理论是站在企业的角度，其后随着市场竞争的不断加剧，人们在4P理论的基础上逐渐偏向美国学者罗伯特·劳特朋（Robert Lauterborn）提出的4C营销理论，即从消费者角度出发更多关注其需求（Customer）、选择成本（Cost）以及便利程度（Convenience）、效能反馈（Communication）等。消费者需求是指企业推销给消费者的商品应尽可能满足消费者个体某方面的实质性需求。选择成本则是指消费者在选择购买商品的过程中所愿意付出的时间、精力、金钱以及风险等。

便利程度则是从消费者购买、使用商品过程的角度分析消费者的体验感。最后，效能反馈则是指企业通过与消费者进行需求与满意度等方面的信息交互，让二者在供需关系上实现平衡，为企业长期健康的发展奠定基础。

因此，在企业发展优质商品与构建良好品牌文化后，品牌营销必须依托当前市场与消费者使用习惯，通过多种营销方法的有效组合，在消费者选择商品时，完成品牌相关信息的快速有效传播。品牌营销是企业商品品牌建设从理论到实践、从抽象到具体的重要环节，企业能否有效、得当地利用品牌营销，是商品能否稳步立足市场的重要保证。

（六）品牌维护与管理理论

品牌维护也就是企业在发展的过程中，因为外在环境对于品牌造成影响，为了保障品牌的正面形象，进而针对品牌的形象、市场定位等方面的维护，开展了很多的活动。

品牌会从形成阶段，经过发展之后，直接进入成熟阶段。在成熟阶段的品牌，其名气会大大提升，可以称之为驰名品牌。但是企业也需要提供相应的维护手段。

自我维护一般是通过针对品牌的一些运营活动，达到维护的目的，例如，设计、宣传等。在设计的过程中，还需要注意对于自身的保护，而且这也是在品牌创立的过程中需要重点衡量的问题。所以，品牌维护实际上就是企业通过促进商品的优化，避免虚假品牌的出现。通常保护的策略包含商品质量、技术创新等战略方式。

法律维护也就是利用注册商标等方式，保障品牌权益。通常情况下，是针对商标的获取、保护等。若是出现"品牌受窘时的反保护"，需要按照企业、商品的实际情况进行调整，并且相关的法律内容比较多。

经营维护即企业通过营销活动，提升品牌形象和影响力，而且在此期间也需要参考市场的实际情况，调整品牌战略计划，保障品牌的稳定发展。在品牌在成熟之后，商品的维护也十分关键，基于保障高质量的商品、服务，获取更多消费者的青睐。而且法律保护也必不可少，在品牌运营的过程中，需要充分利用各种保护手段，防止企业的品牌受到侵害，不断提升品牌的价值。

（七）品牌生命周期理论

国内外学者对品牌生命周期的划分在细节上有所不同。德国学者曼弗雷·布鲁恩（Manfred Bruhn）率先提出该理论，他主张的品牌生命周期一共分为六个阶段，分别为创立、稳固、差异化、模仿、分化和两极分化。通常情况下，我国学者将品牌生命周期分为四个阶段，即初创期、成长期、成熟期和衰退期，每个时期对应的品牌资产和价值都有所不同。进一步来说，若要判断某个品牌正处于生命周期的哪一个阶段，应该从可控性和灵活性两个角度来衡量，例如，品牌的灵活性越强、可控性越弱，那么它就越处于品牌生命周期的前期阶段。

初创期的品牌，主要有知名度低、盈利性差、对营销策略的依赖性强等特点。在这个阶段管理者需要把握好许多细致的工作，例如，品牌形象设计、包装、品牌定位、产销渠道等。处于初创期的品牌极其依赖市场营销，需通过优秀的营销手段打开市场，增加品牌知名度，吸引消费者并逐渐形成品牌社群。品牌社群是企业一项重要的资产，能够为企业的持续成长和发展提供血液。

成长期的品牌，具有销售量稳步增长、大规模批量制造、因有利可图而竞争者增加、比成熟品牌更有活力、比初创品牌更有竞争力的特点。处于成长期的品牌不再靠商品推广知名度，而是反过来带动商品的销量。处于该阶段的企业管理者应该投入更多的资源和精力用于品牌的市场推广。除扩大品牌的知名度之外，还要想方设法提高品牌的美誉度和忠诚度，着重品牌社群的运营，让品牌粉丝自发地宣传本品牌，以辐射的方式在最大限度上扩大市场占有率。从另一方面来看，处于成长期的品牌要避免盲目的品牌延伸，延伸的前提是不影响原有项目的正常运行，可以考虑从相近产业或者关联产业切入。

成熟期的品牌，其特点主要包括知名度、美誉度和忠诚度较高，商品销量和利润基本达到最大且趋于稳定，市场占有率稳定，与竞争对手差异化程度显著等。成熟期品牌的关键工作是加强消费者的品牌忠诚度。管理者在该阶段需要从商品质量、商品特色、营销组合等方面实现改进，加强消费者的品牌忠诚度是关键工作。管理者在这个阶段需要从商品质量、商品特色、营销组合等方面实现改进，增加消费者的黏性，在维护好原有消费群体的基础上，逐步将竞争企业的客户转为己有。

品牌进入衰退期的表现主要有知名度、美誉度和忠诚度淡化，商品销量和利润减少，市场占有率降低，消费者转向同行业的其他品牌等。进入衰退期的品牌常常面临重要的分水岭，即要么逐渐衰退直至退出市场，要么通过品牌创新和延伸注入新鲜血液，从而开展新一轮的经营。以下一个或多个原因将可能会造成品牌的衰退：①忽视质量；②错失新潮；③注意非显著性差异；④商品单一；⑤渠道不畅；⑥倾向线下投资。

由此我们得出，要想缓解衰退速度或是让品牌重拾活力，可以从维持商品品质、实现差异化和多样性、商品设计与时俱进、打通多渠道营销等方面着手改进。

第二节　商品品牌的语言特征

一、创新性

商品品牌的创新性主要来源于在其命名过程中采用的是字典中不存在的创新词汇。这种品牌一般书写都比较简单，发音却很响亮，能给消费者留下深刻的印象。但这种独创的品牌并不是毫无根据地随意发挥，而是根据商品特点和功能，遵循现代词汇学的构词法且借助某些能够传递商品信息的词缀或者词根命名的。一般采用添加词缀法和拼缀法等。

（一）添加词缀法

商品品牌的命名经常会使用添加词缀法。ex- 在英文中表示"额外的，外部的"，如 external、exclusive、export 等。很多商标在词后面加上 ex，不仅可以增加商标读音的美感，又能给人以积极向上的感觉。例如：Rolex——劳力士，Kleenex——舒洁，Timex——天美时。

（二）拼缀法

拼缀法是指将一个词的首部或整个词与另一个词的首部、尾部或整个词连在一起组成新词。拼缀法可以创造出不同形式、多样且意义丰富的新词。利用拼缀法构成的商品品牌通常简洁、生动，朗朗上口，更能反映出商品的功能。例如，Motorola 公司早期主要生产名为 Victrola 的收音机，受到广大消费者的好评。之后，该公司开始生产汽车唱机时，将 motor——"汽车"的英文单词与原来品牌的词尾 rola 拼接在一起，成了现在家喻户晓的 Motorola。

二、来源多样性

商品品牌名称有着来源多样性的特点。有些品牌名称来源于普通词汇，有一部分来源于占有名次，还有一部分属于创造的词汇。

第一，来源于商品的产地、著名的风景圣地或公司所在地。例如，雅漾（Avèn）这个法国护肤品牌，它的名称来源于法国西南地区塞文山脉中的一个古老温情的小镇，坐落于欧伯山谷之中，L'Espinouse 和 L'Escandorgue 两山中间，距地中海 80 千米处。

第二，来源于公司创始人或者产品发明人的姓氏。例如，著名的奢侈品品牌香奈儿（Chanel），该品牌的名字就是由创始人 Coco Chanel 的名字命名的。

第三，来源于普通名词。借用普通名词命名的商品品牌不仅体现出其价格实惠，还能引起消费者更多的联想。例如，Triumph——黛安芬，德国著名的内衣品牌，创立于 1886 年。

三、联想性

很多商品品牌具有联想性的特点。例如，耐克（Nike）公司是以希腊胜利女神命名的。公司希望购买其产品的运动员都能像胜利女神一样成功，看到耐克（Nike）就能想象到胜利。如今，耐克（Nike）品牌已经成为国际性的大品牌，在各大体育赛事上都能见到该品牌的身影。

四、指示性

指示性指该品牌可以说明并指示产品的特性、功能及用途等。例如，北美的连锁餐厅 Panera 的名字是由 pan 和 era 这两个词混合而成的。在西班牙语中，pan 的意思是面包，era 所指的是时代。所以 Panera 的意思就是面包时代。人们一看到名字就能明白该品牌是餐饮业的。

第三节　多元文化视域下商品品牌的翻译

一、中西文化差异对商标、品牌翻译的影响

翻译是跨文化交际和沟通的桥梁。尽管各民族文化相互渗透、影响，但一个民族由来已久的文化是不可能完全被另一种文化所取代的。所以在英文商标和品牌名称的翻译中，必须从社会文化背景出发考察语言的使用。商标的名称要适应销售地区的风俗习惯，适应不同社会不同国度的道德观念，使商标和品牌的译名实现"客从主变，入乡随俗"。如果因为文化的差异，原商标词的内在含义很难为译文的读者所领会时，译者就必须根据两种语言和文化的各自特点，采用创造性的翻译方法，设法消除文化差异造成的沟通障碍。

中西文化差异体现在很多方面，举例来说：从数字上，可以看出中西两种文化的差异。在英语国家中，"7"是一个吉祥的数字，相当于中国的"8"。例如，童话《白雪公主》中有7个小矮人，一个星期有7天，在投掷游戏中得7者为胜。所以在商标的翻译中，如果要译出品牌的内在含义，需要译者根据具体情况，进行创造性的翻译。例如，英文商标词 Mild Seven 被翻译为"万事发"，7-Up 被译为"七喜"，就很好地体现了商标中蕴含的祝福好运的意思。

另外，国家地理位置不同，也会引起文化上的差异。如英语商标 Zephyr 就反映了英国特有的文化。在西方文化中，Zephyr 是古希腊神话中的西风之神。由于英国西临大西洋，东面欧洲大陆，西风从大西洋吹来，因此对英国人而言，西风总是温暖和煦的，是令人喜悦和值得歌颂的，如著名的《西风颂》(Ode to the West Wind)。由此英国的汽车用"西风"(Zephyr)做商标很容易被英国国内的消费者所接受。相反，在中国西风送来的不是温暖而是寒冷，因为西风过后，到处是衰败的景象，所以西风总是和凄凉、悲伤的情感相联系，例如，"古道西风瘦马，夕阳西下，断肠人在天涯""莫道不消魂，帘卷西风，人比黄花瘦"和"昨夜西风凋碧树，独上高楼，望尽天涯路"。所以如果将 Zephyr 翻译成"西风"，会使中国的消费者产生消极的联想，而翻译成"和风"才更符合原商标的内涵和神韵。

同样，一些在西方人看来有着积极意义的动物和植物却可能为东方人所躲避

和讨厌。例如，猫头鹰在西方是智慧的象征，英语中就有"as wise as an owl"的俗语。在儿童读物和漫画中，猫头鹰通常很严肃，很有头脑，很有学问。动物之间产生争端，都喜欢请它作评判。但在中国，猫头鹰被当作预兆凶险的动物。因此，当英国的 OWL 牌钢笔笔尖投入中国市场时，没有直译为"猫头鹰"，而是译为"猎头鹰"牌，以符合中国人的思想观念。与此类似，如果 Fox 不是译为"福克斯"，而是译为"狐狸"，则一定会让人产生狡猾、欺诈、不可信赖的印象，从而阻碍该品牌在中国业务的发展。

在进行英文商标、品牌的汉译时，不但要了解消费对象特定的文化背景，了解文化差异，还要了解中国的汉语言特点。汉语字词量庞大，同音字、同义字词众多，在翻译英文商标、品牌时，应避免容易造成误解和消极联想的字眼，尽量采用雅致、吉利的词语。否则，即使是吉祥、美好的形象，如果不能选择合适的词汇和方法来翻译，也可能使人反感。一个经典的案例就是男子服饰品牌 Goldlion 的翻译。Goldlion 品牌最初译为"金狮"。狮子在西方文化中是万兽之王，是勇气和力量的象征。用"Goldlion"作商标，可以使人产生高贵、威武的联想。但翻译成汉语，"狮"与"失"同音，与粤语中"输"的发音也很接近，所以当时的销售业绩并不理想。为了满足人们渴望吉利的心理，并使商品更添富丽堂皇的气派，Golclion 公司后来采用了半音半意的方法，将 gold 意译为"金"，而 lion 一词采取音译方法，两者结合在一起便形成"金利来"商标。不但悦耳气派，而且寓意美好，深受消费者欢迎。

二、多元文化视域下商品品牌的翻译策略

（一）商品品牌翻译的原则

商品品牌的翻译，是为了提升外来商品在消费者心目中的形象，并在市场上产生强有力的竞争力。在文化图式下的商品品牌翻译与一般意义上的品牌翻译不同，品牌翻译受文化因素的影响很大。品牌作为语言的一部分，不仅代表着品牌的文化，同时还包含了民族的历史与文化背景，体现了一个民族的生活方式和思考方式等。但是，无论品牌如何翻译都必须符合以目的语中消费者为中心、忠实于源品牌文化和追求最大限度的等效标准。

1.以目的语中消费者为中心

消费者是品牌传播的主要目标。所以，商品品牌翻译是现代市场中营销活动不可缺少的环节，这样就不可避免地在品牌翻译时要注重以消费者为导向。品牌翻译的最终目标是服务于目标市场的消费者，消费者在营销活动中扮演着读者、接受信息的角色，并且最终成为品牌名称翻译的反应堆。

对企业而言，品牌翻译的核心是顾客。因此，译者和企业必须先对客户进行调查、对商品做出回应。品牌名称中的宣传性，在某种程度上呼吁潜在消费者思考、感受或采取行动，所以对品牌的翻译而言，最重要的因素是翻译后的品牌名称能符合消费者已存的认知文化图式结构，能对消费者产生吸引力。

消费者的购买选择在很大程度上取决于商品的品牌名称是否吸引消费者。相反，不符合消费者认知文化图式的品牌名称翻译将会在市场上以失败告终。例如，"GAP"是美国最大的服装公司之一，从1969年创建到现在已拥有4250多家连锁店。"GAP"中文品牌名称是"盖璞"，但是在各大商场和门店，都没有中文"盖璞"两个大字品牌，我们平时更多地看到的是"GAP"，但是"盖璞"是证件上确定的中文品牌名。而造成这一现象的主要原因就是"GAP"这个品牌让无拘无束的青年能够尽情地享受自然、舒适的生活，代表了普通年轻人的时尚、简洁、大方、休闲。如果真的使用中文品牌名称"盖璞"做品牌宣传，就不能突出品牌背后的市场竞争力以及品牌要表达的文化含义。

2.忠实于源品牌文化

忠实于源品牌文化的标准意味着品牌翻译应忠实于源品牌的含义、风格和形式。品牌名称的主要功能之一是提供商品信息，包括价格、尺寸、性能、特点等。因此，消费者能够了解商品的所有信息，品牌的名称起了非常重要的作用。

在所有翻译标准中，忠实于源品牌文化是翻译原则中最重要的部分，但不是每个译者都能正确理解忠诚的标准。在翻译品牌名称的情况下，有时商品品牌名称的设计对发音的影响更小，如柯达、可口可乐等。因此，翻译者应该首先考虑从音效的角度出发将这些名字翻译成中文。

由于意义和形式是一个不可分割的组合，因此，翻译者应该试图在给定的情况下，通过给予某一方面完全支配另一方面来寻求妥协。翻译者必须做到在翻译过程中将那些源品牌中的文化内容等价地转移到目标文本中去。

由于不同的语言在词汇构成、句法和语法上都有所不同，因此，在翻译时对品牌名称进行适当的修改是非常重要的。换句话说，翻译不应该是一字一句进行翻译的机械过程，相反，而是一个灵活的过程，在翻译过程中不仅掺杂了品牌的文化，更代表了品牌背后的民族文化信息等，这些文化在翻译过程中应该是自然而然存在的，并且能等价地转移到新的目的语翻译中去，让商品的消费者能利用已有的文化图式对品牌名称进行理解和记忆，获得相同的文化感受。所以，译者在翻译过程中要忠实源品牌的文化内涵。只有这样，才能达到翻译的标准，这不仅传达了源品牌的意义，也表达了源品牌的精神和创新。

经验丰富的译者在经过多年的修炼之后，脑海中的文化图式理论会发展充实，同时也会形成一套自己的翻译方式和风格，并在保持源品牌文化和追求完善翻译成果的基础上进行翻译，"Jaguar（捷豹）"是英国的汽车品牌，品牌代表着豪华、高贵，其车标就是一只正在跳跃的美洲豹形象，给消费者带来视觉冲击的同时，能让消费者感受到汽车的速度和力量。捷豹的创始人威廉·里昂斯（William Lyons）不喜欢在汽车身上印出自己的名字，里昂斯最后挑选了一个在各种语言中都发音清脆的名字——Jaguar，它是根据第一次世界大战的一种飞行机器的命名，它的风格从来都是简约的高雅与速度，并且与空间进行了完美的结合，就像是跳跃着的美洲豹。"Jaguar"的本义翻译成中文就是美洲虎，别名捷豹。译者在翻译时脑海中会产生相应的文化图式，也就是美洲虎的形象；而"捷豹"汽车本身向消费者传达的文化内涵也是像捷豹一样的高雅简练、生动形象、蕴含力量、速度与激情。捷豹的品牌名称翻译；不仅做到了形式的等价，而且在中文中传达的文化内涵和品牌意义，实现了忠实于源品牌文化的翻译原则。

3. 追求最大限度的等效

等效原则是商品品牌互译时应遵循的重要原则。等效原则，指的是功能上要对等，也就是译文接受者和译文信息之间的关系，应该与原文接受者和原文信息之间的关系基本相同。通常，译文除在语言方面与原文相对等之外，还会涉及另外一个问题，即文化差异，文化差异常常会使翻译无法达到完全等效。对此，在翻译时译者需要在了解中西文化差异的基础上，灵活改变和调整信息形式，以获得最大限度的等效。

根据等效原则，商品品牌名称的互译应具有两个条件：一是译名本身应呈现品牌名称的形式，二是译名应与原品牌名称有相同或相似的功能。这也就是说，译名首先应易读、易记，做到音韵、形式与意义的完美统一，同时也要考虑跨越文化差异，与目的语读者的审美心理相吻合。

（二）商品品牌翻译的方法策略

1. 直译策略

直译意味着直接翻译，既保持原始形式也保持原品牌名称的意义。当品牌名称可以在目的语中找到相对应的表达式时，企业一般会选择直接翻译。也就是说，源品牌语言和目的语中品牌名称表示的文化内涵是相同的或相似的。但是，当商品品牌在直接翻译时，不能很好地传达源品牌背后所带有的文化内涵，那么翻译出来的目的语品牌也不是一个成功的翻译品牌名称，会使商品在市场或消费者心理上产生不适应。例如，快餐品牌"Subway"，在直译时，大家就会发现，其单词在中文对应中有"地铁"的意思，没有传达出商品是食物的信息，并且更不能直接地表达出源品牌所要表达的文化内涵。但是，当翻译的目的语品牌名称出现在市场上，品牌名称能提供与源品牌名称相同的文化图式时，文化图式就很容易被激活，同时，这种能激活文化图式的品牌名称翻译也很容易吸引目的语消费者，并促使他们完成购买。一部分品牌用直译的方法，不仅可以达到忠实度标准，而且也可以使客户更容易地理解和接受带有文化属性的商品品牌名称。所以，用文化图式相对应理论对翻译过程的指导作用，对"Subway"进行翻译指导，最后"赛百味"成了其中文品牌名称，并在中国市场上赢得较好的口碑，因为其名称传达了商品本身所带有的特性和文化内涵。

由于中英文化还是存在许多相似之处，因此，许多品牌名称都可以通过直译来直接翻译成目的语，尤其是那些以植物、动物、鸟类或宝石、钻石、黄金等名称发明的品牌名称，如"playboy（花花公子）""Camel（骆驼）""Crocodile（鳄鱼）""Blue Bird（蓝鸟）""Jaguar（捷豹）"就可以这样翻译。

在许多情况下，文字翻译被视为在翻译品牌时实现语义和功能对等的有效技术。尽管如此，我们仍然必须首先确保在直译的状态下翻译出的品牌名称在目的语文化中被接受，并且保证在目标市场中不是负面的。如果译者翻译品牌名称不到位，可能就无法再现与品牌名称相同的呼吁功能。例如，在英国文化中，暴风雨中的"petrel"常常代表着一个总是为别人的不幸或灾难的预兆而欢呼的人。因此，"petrel"似乎不是一个可接受的商品品牌名称。但是，"海燕"在中西方文化中表达了不同的文化含义。中国人说"像海燕一样搏击风浪"，中国人通常将"海燕"视为一只意志坚强的鸟。所以"海燕"被视作一个响亮的品牌名称。

因此，在商品品牌的翻译方法中，用直译直接表达商品品牌背后的含义，尤其是不同文化之间具有相同的文化图式时，消费者能从品牌名称中体会到相同的品牌文化，这对消费者的心理方面产生一定影响。在文化图式相同时，商品品牌的直接翻译，保存了商品品牌背后的原始文化含义，以及品牌所要传达给消费者的商品信息，让来自不同文化的商品名称进行了跨文化传播，也让消费者了解到不同的名词背后的文化内涵，促进了世界范围的跨文化交流。

2. 意译策略

意译法是指不拘泥于原文的形式，将商品品牌名称的实际含义表达出来的一种翻译方法。当品牌名称不适合直译时，就可以尝试用这种方法进行翻译。例如，Canon 这一品牌名称源于宗教，早期名为 Kwanon，意为"观音"，后更名为 Canon。但对其进行汉译时并没有音译为"卡能"或"卡农"，也没有直译为"观音"，而是根据其性质、品质和功能，意译为了"佳能"。可见，意译更能体现品牌的内在含义和价值。再如：Sprite——雪碧，Robust——乐百氏，7-UP——七喜，Carefree——娇爽。

3. 音译策略

音译指的是通过再现源语言文本中用词的声音，而不是其口头意义来翻译的方式。一般而言，译者习惯采用谐音手段进行音译，找到与源语言相同或相似的目标语言音节，并用目标语言的语言符号表示。

当品牌名称是根据特定的文化概念而创建的时候，翻译时经常采用音译的方式，因为这些名字很难在目的语中找到任何对应的文化图式关系。也就是说，在一种文化中的品牌名称不能引起另一种文化图式有意义的关联，在目的语言中没有相应的能够被激活的文化图式，那么，为了实现品牌翻译的过程，并取得较好的传播效果，我们经常在这种品牌名称翻译时采用音译。

然而，有些英文的品牌名称直接音译过来，其结果可能会冲击目的语消费者固有的文化体系，或并不能完整地表达源品牌名称的内涵，或不能表达商品本来要表达的商品所具备的特色信息等。例如，微软推出的一款著名的搜索软件"Bing"，如果直译到中文中来，其拼音形势与中国汉字"病"相同，而"病"在中国文化当中并不是一个能引起人们美好想象的字，所以不能直接翻译成"病"来作为品牌名称。但是在对品牌翻译的过程中，采用文化图式理论作为指导进行品牌的翻译，就会出现大不一样的结果。"必应"就是这样产生的，"必应"品牌名称的，寓意是用户的需求有求必应。

许多有名的品牌通常以人物的名字直接命名。这些人物通常是在本国或本地区获得了一定的声誉、具有了一定的名望，因此，这些品牌在音译后与目的语的文化并不会产生矛盾，相反，可能会引起目的语消费者的好奇，为什么外国人名作为商品名称进入中国市场。有两种品牌名称通常以这种方式翻译：如以著名人物姓名来命名的品牌，如："Ford 福特""Lincoln 林肯""Dunhill 登喜路"等。再例如，"PEAK 匹克"很容易让人们想起奥林匹克奥运会。当被翻译成"高峰"时，在英语中"高峰"一词意味着最极端的数量或价值，就没有品牌名的原本文化含义了。因此，只有商品品牌会激起人的良好的联想。"Airbnb"是一家联系旅游人士和家有空房出租的房主的服务型网站的品牌，它的品牌名称翻译成中文品牌是"爱彼迎"，这个品牌名称表明欢迎租客住进舒适的房屋，显示出可以为客户提供优质的服务，凸显了源品牌所要传达的品牌文化，以及品牌所代表的商品的功能信息等。

至于翻译汽车品牌，一个经常被提及的例子就是"Benz"，品牌名称源自德国的先驱汽车制造商的姓氏，该汽车制造厂后来也成为世界上最大的汽车制造商之一。在中国一些地区曾被翻译成"本茨"，然后又在中国不同地区获得了其他几个名字。香港翻译成"平治"，台湾翻译成"宾士"，但是台湾著名作家三毛也曾使用"鹏驰"这个名字，而在中国大陆，"Benz"被广泛接受为"奔驰"。所有这些品牌的翻译都试图与其声源品牌名称相当，但不同的名称会给人留下不同的印象。"本茨"听起来很平淡，似乎没有任何意义。"平治"和"宾士"与汽车的属性无关。相比之下，"奔"就寓意着"像鹰一样迅速"和"驰"意味着"加速"，用这两个字来描绘汽车的快速性，既符合汽车的性能，又能引起中文消费者心中的美好联想。此外，与"鹏驰"相比，"奔驰"是一个现成的中文词组，更是无与伦比。这个例子表明，虽然适应购买心理并不是成功翻译品牌名称的唯一因素，但考虑到翻译者的语言选择，至少可以达到使目标品牌名称更令人印象深刻的效果。

另外，商品品牌的名称大多是音译。一个典型的例子是"clean & clear"（护肤品牌），这是一个有实力的、经典的美国品牌。如果我们将它翻译为"干净和清洁"，虽然字面上意思相近，但是它看起来像是一个常见的短语而不是品牌名称。因此，将这个品牌名称音译为"可伶可俐"，更像是中文品牌名称，发音更地道一些。此外，它遵循品牌的简洁原则。

直接在中文中寻找相对应英文发音的汉字进行翻译。以著名品牌"McDonald's"（快餐）为例。尽管"McDonald's"在中文中的文字被替换为"麦当劳"，但它并未被翻译成中文注册品牌名称，而是被翻译成"金拱门"。原因是，其品牌标志为一个黄色的大写的"M"。尽管它的中文名称翻译让人感觉很有喜感，但是人们还是习惯叫它"麦当劳"。另一个例子是"LG"（电子产品），它是由"Lucky Gold stars"的首字母缩写组合而成，由于它是字母组合品牌名称，没有中文的确切对应关系，所以中文翻译成"乐金"。一般来说，大多数不具有深层文化意义的商品品牌名称都是根据发声语音的对应汉字音译的。但也有例外，在翻译这类商品品牌时应该注意。有些中文专有名词已经在历史的演变中有了广为人知的文化符号。诸如"长城"和"天坛"这些名字。

众所周知的巧克力"Dove"其实是"DO YOU LOVE ME"的缩写，被音译成"德芙"，听起来很像"得福"，符合中国人喜欢被祝福的心理特点，从而获得了人们的喜爱。对大多数中国人来说，这是一个可以接受的品牌名称，因为它很好地表达了大多数中国人的生活态度，成为年轻人喜爱的单品，并成了情人节礼物佳品。

由于文化具有差异性，品牌所带有的文化图式也具有一定的差异性，因此在音译过程中，源语言品牌和目的语之间的文化图式不同，或者传达的意思完全相反，这意味着一些商品品牌名称在翻译时就要特别注意中文汉字的典故及用法。因此，让品牌的宣传效果看起来像本土品牌，更接近国民的品位，从而变得更具选择性和令人难忘，就需要译者在翻译过程中灵活地利用文化图式理论，进行翻译指导工作。

4. 转换策略

由于中西语言与文化的差异，以及英汉民族审美心理的不同，很多品牌名称的翻译都选用转换法。因为品牌名称翻译的最终目的是迎合目的语消费者的审美感受，而且只要译名能取得好的商业效果，放弃原文的美而替换为另一种美也未尝不可。

例如，"杜康"酒若按照读音翻译为 Du kang，对西方人而言仅仅是字母的组合，没有任何意义。但中国人看到"杜康"品牌，就立刻会联想到发明人以及酒的甘醇香甜。此时，如何将"杜康"的这种美好意蕴和联想传递给西方消费者就是一个需要考虑的问题。Bac thus 是希腊神话中酒神的名字，如果将"杜康"转换译为 Bac thus，则很容易让西方消费者联想到美酒。

5. 音译直译结合策略

有时将直译和音译融合在一起，翻译一个中文品牌名称，以实现功能上的对等，特别是在审美和呼吁功能上。这就是我们所说的技术，这种方法在品牌名称翻译中非常流行，可称为谐音命名。以这种方式翻译的品牌名称可以保持语言特征，是本地消费者喜欢的文字和潜在消费者一眼就能理解的用法，并使信息接收者产生各种关联。音译与意译相结合的翻译方式，本身就具有一定的调整功能，但是，有时还是会在翻译过程中产生一些问题，而文化图式理论则会大大改善这些问题。

一些商品品牌名称可以通过部分音译和部分直译来翻译，以提供更新颖和可让人接受的中文翻译。例如，美国品牌名称"Starbucks"被翻译为"星巴克"。这里"bucks"音译为"巴克"，"star"字面翻译为"星"。"Unilever"是一种快消品牌，人们生活中用的护肤品或者化妆品等，均有"Unilever"的产品。它被翻译成"联合利华"，即"Uni-"是词根，有联合的含义，"Uni-"直译与"-lever"音译的结合，传达了企业文化、对员工的态度，同时达到品牌宣传的最好的效果。人们可以很容易就被有特点的品牌名称翻译所吸引，如品牌名称"Goolge"被翻译成"谷歌"等，虽然品牌名称顺利地被翻译出来，但是并没有传达出文化交流的信息，或者没有更好地传达出品牌所具有的文化内涵。

所以，要想达到"信达雅"的翻译效果，还需要文化图式理论的指导，对翻译结果进行进一步升华。例如，这里引用一个更为成功的翻译，美国化妆品"Maybelline"被翻译成"美宝莲"，中国人可以从"美"中欣赏到商品的功能，从"莲"这个词可以看出使用效果，毕竟在中国的文化里，形容莲为"出淤泥而不染，濯清涟而不妖"，凭借"美宝莲"这个词的鲜明发音和意义，该产品深受中国女性的欢迎。美国健康产品"Amway"被翻译成"安利"，这一名称本身就具有医疗保健的含义。这两个品牌在翻译过程中，就对品牌本身所具有的文化图式与中文中的文化图式进行对比分析，最后选取中文文化中比较美好的文化图式来表达源品牌所具有的文化内涵，这样既达到了品牌的传播效果，又达到了文化的跨国际交流。

再举一个例子，"NIKE"是著名的美国运动服装，是大家都熟悉的鞋类和服装类品牌，本名"NIKE"取自希腊神话中的"胜利女神"。很明显，英文中的"nike"具有胜利的文化含义，而作为品牌其传达出的含义就是穿上耐克运动鞋就即将获得胜利。在中国，就没有这样的胜利女神，所以在翻译"NIKE"时，若译为"那可"或"娜基"，品牌可能不会被中国人欣赏或接受，因为它丢失了本来含有的深刻文化意义。从某种意义上说，这种现象它是一种缺陷，是指由于跨文化交际中的文化背景的不同而导致的语用偏差和文化缺省，使消费者难以理解目标语言的文化概念。但其中文译名"耐克"不仅表现了译者对品牌背后文化的关注，而且体现了中国汉字背后的文化内涵。翻译显示，鞋子可以抵抗磨损，并可以帮助击败其他人，这正是生产者所期望的。其内涵表达得体，基本弥补了不足，奠定了开拓中国广阔市场的第一块基石。

在翻译家居用品品牌时，翻译者还需要根据文化图式理论，调整自己的汉字选择，以适应购买心理，从而提升目标消费者之间的商品形象，这往往是通过突出商品最突出的特征来实现的。考虑到这一点，我们绝不应该忽视以下品牌的优秀翻译。

将"Tide"（洗衣粉）放入中国市场，并翻译名称为"汰渍"，突出"洗涤污渍"的商品效果，从"Safeguard"（肥皂）到"舒肤佳"强调了高超功能，以及清洁皮肤的作用，还倡导"平滑肌肤，感受良好"，"Colgate"（牙膏）变成"高露洁"，强调其"让牙齿像露水一样干净"，"OMO"（洗衣粉）变成"奥妙"以强调产品能"奇迹般"洗掉衣物上的污渍，以及"Johnson & Johnson"（婴儿润肤露、洗发水和其他产品）改为"强生"，意味着使用该产品可以帮助"塑造宝宝的身体"。

上面的例子都是成功的，主要原因就在于商品的品牌翻译很好地认清和迎合了当地消费者的购买欲望和需求。因此，在文化图式理论的指导下，加上音译和直译相结合的翻译方式，可以有效地达到文化等量转换、遵守以消费者为中心的原则，在翻译过程中，既可以体现商品的各种信息，也能保证满足消费者的感受和接受度，从而唤起消费者的购买欲望。

6. 零译策略

零译策略，就是对原品牌名称不做任何翻译处理，而是直接将其照搬到译入语中。这种翻译策略具有简单、实用的特点，对于那些很难用英语表达清楚的或长度较长的商品品牌名称比较实用。例如：JVC——日本胜利公司，SK-Ⅱ——化妆品品牌，Lee——牛仔裤品牌。

上述这些品牌名称如果进行翻译，译名会显得十分冗长。而不对其进行翻译，则更加简洁，且更具异族风情，也便于消费者记忆。

7. 拟声词策略

拟声词策略，是指模仿商品使用时的声音，将其进行调整，作为商品的品牌，更加生动形象的作用。例如，一个酥脆巧克力品牌 Kitkat，将吃巧克力时的"咔咔"的声音模拟出来作为巧克力的牌子，既富有节奏感，还让人觉得乐趣十足。

8. 合理修整策略

简洁而醒目的商品品牌，会在消费者认知商品时给其留下深刻的印象，品牌名称通常以优雅的语言、简洁的语调、丰富的内容、方便记忆以及甜美的旋律为特点。所以在翻译品牌时，译员应该删除冗长难懂的词，添加简单或短小的表达等。在文化图式理论的指导下，就可以达到语句的精简表达的效果，换句话说，译者采用文化图式理论作为翻译指导，调整一些语言方面的问题以适应目的语消费者的文化心理和欣赏水平。

以文化图式理论为指导理论，对品牌名称翻译进行调整主要是通过增加或删除、混合、缩略语甚至重命名来实现。主要原因分析如下：

有一种方法是指在将源品牌翻译成目标品牌时添加适当的汉字、声音甚至语义成分，组成品牌的完整含义，当译者无法在目标语中找到与源语言中的含义相当的文本时，会直接将品牌中的文化图式与目的语的文化图式进行匹配，采用适当的填补方式，即添加适当的文本来完善和美化品牌名称。

例如，"Origins"（护肤品）不能直译为"本源"。如果只是翻译成"本源"就显得很突兀，没有显示出商品本身的特性和功能信息，也没有品牌的美感。因此，在用文化图式进行匹配思考后，我们可以通过添加汉字将品牌的本意扩充完善，使品牌所表达的文化图式与中文的文化图式相对应。因此，"悦木之源"听起来对消费者脑海中文化图式的激活与源语言品牌的文化图式的一样，从而避免了品牌名简短而造成消费者不能理解品牌文化含义的负面影响。

再以"Make up forever"为例，品牌的音译是"玫珂菲"，但是不能突出品牌名称的美感，让消费者没有购买的欲望，后出现一个古典而优雅的名字"浮生若梦"，"浮生若梦"本出自李白的《春夜宴从弟桃花园序》："而浮生若梦，为欢几何。"因此，浮生若梦不仅传递出商品的文化内涵，还提升了诗意的境界，这不仅对应了源品牌背后的文化内涵和商品特性，更符合中国人脑海中的文化图式，品牌名称更加有效和令人印象深刻。

此外，还有一些商品品牌也可以用这种方式翻译。例如，美国最大的电子仪器制造商之一Hewlett-Packard是通过复合其两位创始人W. 休斯特（W.Hewlett）和D. 帕卡德（D.Packard）的姓氏而创建的。它被音译成"Hewlett-Packard"并在中国大陆长期使用。然而，如今，它已被香港和台湾的"惠普"所取代。在这个版本中使用了音译和删除方法。因此，"惠普"的给广大人民带来广泛好处的深层含义就体现出来了。也许大家都听说过"爱立信"，但是，在它之前听说过"爱瑞克森"吗？一个音色悠长，让人无法理解的名字，就是瑞典手机品牌"ERISON"进入中国市场时的译名。该产品最初并未畅销。然后删除"克"一词，将含义不明的"瑞"和"森"改为"立"和"信"。所以现在有了"爱立信"这个简洁而又具有诚实和信任内涵的版本，使得品牌名称变得流行并广泛传播。

首字母缩写指的是将每个字符或音节的首字母组合在一个品牌名称中的翻译方式，并且是一种特殊的删除方式。由于通过音译或字面翻译对品牌名称进行的某些渲染不明确或过于冗长，以至于无法吸引人，因此，首字母缩略词可以作为解决方案应用。例如，"Cute & Meet"可以直译为"皙蜜"，品牌本意浪漫邂逅。但是其本品牌名称太长，时间久了不容记住，所以它可以改变为"C & M"，变得更短，更容易被接受和记忆。"Marlboro"是"男人永远只因浪漫而记忆爱情"的缩写，被翻译成"万宝路"（香烟），品牌名称很短，但含义丰富，并且在吸烟者中非常受欢迎。

在某些情况下，这种单纯的翻译方法无疑可以解决品牌名称翻译中的一些问题。然而，在使用这种技术时，我们也应该非常谨慎，因为它的效果可能与一些公认的某些术语或适当单词的缩写相同，如果是这样，我们在尽量避免重复的同时，必须尝试其他方式。所以，译者在翻译过程中，选择适当的翻译方式的同时，也要在一定的理论基础上进行翻译，如在文化图式理论的指导下，就要确定好源品牌与目的语之间的文化图式对应问题。

品牌作为人类创造的语言符号，不仅具有标记意义，而且也是一种具有深厚含义的文化交流方式。因此，在翻译品牌时，要尊重品牌背后的文化内涵，选择文化图式理论作为指导，遵循翻译的一般原则，理解两种语言的内涵以及审美趣味、社会习俗和习惯，迎合公众的审美心理，只有这样才能保证翻译质量，并使消费者接受产品。

一般在进行商品品牌翻译时，译者会从以上这些方法中选择合适的方式对源品牌名称进行解构分析，选择的标准就是翻译还原源品牌的功能的程度，译者应该在翻译过程中始终关注源语言与目的语之间的文化联系与差异，并适当地进行调整和转移文化图式。由于品牌语言是受社会条件限制的，因此翻译者有义务为读者提供翻译服务，以更好地实现预期的功能。

参考文献

[1] 邢丽华，杨智新. 商务英语翻译理论与实践应用探索 [M]. 北京：新华出版社，2015.

[2] 李琳娜. 商务英语教学理论与实践研究 [M]. 长春：吉林大学出版社，2016.

[3] 祁晶. 商务英语语言与文化探析 [M]. 北京：中国书籍出版社，2016.

[4] 郝晶晶. 商务英语教学理论与改革实践研究 [M]. 成都：电子科技大学出版社，2017.

[5] 蒋大山，张宗宁. 教育转型发展与高校商务英语的创新教学研究 [M]. 长春：东北师范大学出版社，2017.

[6] 李玲玲. 商务英语与商务英语翻译研究 [M]. 长春：吉林大学出版社，2017.

[7] 于瑶. 现代商务英语的跨文化交际与应用 [M]. 长春：吉林大学出版社，2017.

[8] 张萍. 商务英语翻译中存在的问题及对策 [M]. 北京：中国商务出版社，2018.

[9] 邓金娥. "互联网＋"背景下商务英语教学研究 [M]. 长春：吉林文史出版社，2018.

[10] 武洁. 文化视野下的商务英语翻译及实践应用 [M]. 徐州：中国矿业大学出版社，2018.

[11] 孙悦. 英美文学翻译与商务英语教学研究 [M]. 北京：知识产权出版社，2019.

[12] 徐国盛. 商务英语翻译理论与实践研究 [M]. 长春：吉林科学技术出版社，2019.

[13] 李素芬. 文化视角转换与国际商务英语翻译研究 [M]. 北京：北京理工大学出版社，2019.

[14] 翟宇，王霞. 当代商务英语的跨文化交际与应用综合研究 [M]. 北京：北京工业大学出版社，2019.

[15] 赵秀丽. 商务英语跨文化翻译技巧与实践研究 [M]. 长春：吉林人民出版社，2019.

[16] 唐昊，徐剑波，李昶.跨文化背景下英语翻译理论研究与实践探索[M].长春：吉林人民出版社，2020.

[17] 李莞婷，夏胜武.跨文化交际视阈下的商务英语翻译探究[M].长春：吉林出版集团股份有限公司，2020.

[18] 杨婧文.文化差异因素对于商务英语翻译的影响分析[J].经济师，2021（12）：235-236，239.

[19] 颜娟.不同文化语境下的商务英语翻译策略分析[J].现代商贸工业，2021，42（32）：32-33.

[20] 江晓悦.文化差异对国际商务英语翻译的影响及对策[J].河北广播电视大学学报，2021，26（4）：63-66.

[21] 冯蕾.商务英语语言特点及其翻译原则探讨[J].海外英语，2021（12）：92-93.

[22] 陈洁.中英文化背景下商务英语翻译策略研究[J].海外英语，2021（10）：32-33.

[23] 周颖莹.双创背景下高职商务英语翻译教学的改革探析[J].校园英语，2021（4）：59-60.

[24] 李霖娜.国际商务英语翻译的多元化标准探究[J].商业文化，2021（6）：42-43.

[25] 孙祝斌.跨文化语境下的商务英语翻译研究[J].校园英语，2021（8）：249-250.

[26] 陈思宇.关于跨文化交际视角下的商务英语翻译初探[J].校园英语，2021（7）：247-248.

[27] 李国辉.大数据时代下的商务英语翻译翻转课堂教学设计[J].教师，2021（2）：54-55.

[28] 夏立慧，龙翔.商务英语词汇特征深度剖析及其翻译策略研究[J].广西教育学院学报，2021（1）：58-62.

[29] 陶然."一带一路"背景下商务英语翻译人才的培养策略[J].大陆桥视野，2021（7）：108-109.